KB116402

돈을 부르는
운運 공부

# 돈을 부르는 운 공부

초판 1쇄 발행 2019년 7월 10일  초판 2쇄 발행 2019년 8월 30일

지은이 김원
펴낸이 연준혁

출판 2본부 이사 이진영
출판 6분사 분사장 정낙정
책임편집 허주현

펴낸곳 (주)위즈덤하우스 미디어그룹 출판등록 2000년 5월 23일 제13-1071호
주소 경기도 고양시 일산동구 정발산로 43-20 센트럴프라자 6층
전화 031)936-4000  팩스 031)903-3893  홈페이지 www.wisdomhouse.co.kr

값 16,000원  ISBN 979-11-90182-45-4 03320

이 도서의 국립중앙도서관 출판예정도서목록(CIP)은 서지정보유통지원시스템 홈페이지
(http://seoji.nl.go.kr)와 국가자료종합목록 구축시스템(http://kolis-net.nl.go.kr)에서
이용하실 수 있습니다. (CIP제어번호 : CIP2019024648)

1000억 부자는 하늘이 내도 100억 부자는 내 운이 만든다

# 돈을 부르는 운運 공부

김원 지음

위즈덤하우스

지영, 민재에게

# 오늘부터 당신의 재운이 반드시 좋아진다

과연 세상에 돈을 싫어하는 사람이 있을까? 어릴 적 돌아가신 할머니가 "돈다발은 귀신도 벌떡 일어나게 한다"고 하신 말이 떠오른다. 하물며 살아 있는 우리에게는 오죽할까. 우리의 삶에서 돈은 떼려야 뗄 수 없는 애증의 대상이다. 갖고 싶지만 생각만큼 쉽게 손에 넣을 수 없고, 가지고 있다 해도 더 갖고 싶어지는 것이 돈이라는 존재다. 내가 명리학을 접하게 된 계기도 돈과 미래에 대한 고민 때문이었다.

나는 30대 초반까지 총 다섯 번의 이직을 했다. 대학에서는 공학을 전공했지만 적성에 맞는 다른 일을 찾고 싶었고, 당시의 젊은 패기로는 능력에도 자신이 있었기에 잦은 이직에 대한 주변의 우려에도 크게 동요하지 않았다. 경영 컨설턴트부터 외국계 기업의 마케터, 라디오 PD 등에 이르기까지 꿋꿋하게 여러 번의 변화를 시도했다. 그 과정에서 전문성을 키우겠다며 대학원에 진학해 경영학 공부도 병행했다. 나름대로 열심히, 더 잘 살아보려고 애쓰며 보낸 시간들이었다. 하지만 이 모든 선택들은 대부분 만족스럽지 못한 결과로 이어졌다.

이직을 할 때마다 연봉은 들쭉날쭉해졌다. 게다가 길어지는 대학원 공부에 학비 부담이 만만치 않았다. 마침 첫 아이가 태어났다. 어느 순간 후회가 밀려왔다. 아파트 앞 벤치에 앉아 멍하니 한숨짓게 되는 순간들이 늘어갔다. '왜 내 인생은 이렇게 안 풀리는 거지? 도대체 내가 무슨 잘못을 한 걸까?' 수많은 생각이 머릿속을 스쳤다.

그러던 어느 날 신문에서 사주명리 수강생을 모집한다는 광고를 보았다. 그 순간 마음이 본능적으로 이끌렸다. 이른바 '팔자'라는 것을 공부하면 나 자신을 이해하고 앞으로의 시행착오를 줄일 수 있을 것만 같았다. 그렇게 15년이 흘렀다. 명리 공부가 깊어지면서 커리어 선정에 신중을 기하게 되었고, 현재는 대기업 임원이 되었으니 운명에 대한 공부는 어느 정도 소득을 거두었다고 볼 수 있다. 그리고 몇 년 전부터는 주변인들의 운명을 같이 고민하는 명리 상담도 하며 여전히 현재 진행형인 내 자신의 고민도 계속하고 있다.

## 재운은 '모든 사람'에게 '반드시' 있다

상담을 하면서 많은 부자를 만났다. 어려운 환경에서 태어났지만 몇백 억대 자산을 일으킨 자수성가형 부자부터 평범한 월급쟁이였지만 재운의 기회를 잘 잡아 매달 월급의 서너 배를 월세로 받는 사람, 자신의 재운은 부족하지만 주변인의 재운을 슬기롭게 활용해 수십억대 부자가 된 스타트업 대표 등 다양한 케이스를 접할 수 있었다.

그분들의 사주를 들여다보며 분석하다 보니 확실히 알게 된 점이 있다. 세상에는 분명히 재운이 좋은 사람과 나쁜 사람이 있다는 것이다. 재운이 좋은 사람들은 운의 원리를 본능적으로 알고 자신이 타고난 부를 최대한 활용한 반면, 재운이 좋지 않은 사람들은 미래의 부를 결정짓는 중요한 순간 자신도 모르게 몇 번이고 잘못된 선택을 해버린 경우가 많았다. 하지만 여기서 한 가지 확실히 해두어야 할 점이 있다. 재운은 '모든 사람'에게 '반드시' 있다는 것이다. 다만 재운이 많고 적음의 차이가 있을 뿐, 재운이 없는 사람은 이 세상에 없다.

그렇다면 나에게 주어진 재운은 어떻게 알 수 있을까? 이미 결정되어 사람마다 정해진 돈의 그릇을 키우거나 바꿀 수 있는 방법은 없는 것일까? 그 답을 명리학의 기본 원리에서 찾을 수 있다.

명리학命理學은 운명運命의 이치理를 밝히는 학문學이라 할 수 있다. 사람이 세상에 태어난 시점을 기준으로 결정된 여덟 글자命와 시시각각 변하는 운運의 상호 관계를 통해 운명의 이치를 분석한다. 이러한 명리학에서는 타고난 '명'과 그때그때의 '운'이 상호작용하는 구조를 이해하고, 이를 현명하게 활용하는 것이 인생을 살아가는 지혜이자 삶의 핵심 역량이라고 말한다.

현재의 나는 과거에 내가 내린 의사결정의 산물이고, 내일의 나는 현재 내린 의사결정의 결과이다. 삶은 그렇게 흘러간다. 그런 관점에서 봤을 때, 명리학을 이용해 타고난 운명(명)에 각 시점의 정보(운)를 효과적으로 적용해 최적의 의사결정을 한다면, 앞으로 일어날 통제하기 어려운 변수들을 미리 이해하고 현명하게 대처할 수 있을 것이다.

예를 들면, 양력으로 2019년 8월 1일 낮 12시에 태어난 사람은 '기해'己亥년 '신미'辛未월 '경오'庚午일 '임오'壬午시에 태어났다고 한다. 이 정보는 불변이다. 2017년이 '정유'丁酉년이고, 2018년이 '무술'戊戌년인 것처럼 한 해의 띠가 한자 2개로 구성된 것에 우리는 익숙하다. 이처럼 월, 일, 시에도 두 글자의 한자가 배정된다. 그러면 연, 월, 일, 시의 정보는 총 8개의 한자로 표시되며 이를 '팔자'八字라고 한다. 내 팔자가 좋네 나쁘네 하는 바로 그 팔자이다. 각자의 팔자는 그때그때 변하는 매해의 운과 만나 좋은 운, 나쁜 운을 만든다.

가령 2020년 쥐띠 해는 경자庚子년이다. 비유하면 경자년이라는 누구에게나 같은 시기에 공평하게 배급받은 밀가루 반죽이 '기해, 신미, 경오, 임오'라는 사람마다 다른 빵틀로 들어가다 보니 결과적으로 나온 빵의 모습이 사람마다 다르고, 한 해의 운도 다르다는 것이다.

사주명리는 그때의 운이 좋으냐 나쁘냐에 그치지 않고 건강, 애정, 사업, 학문, 재물 등 인생사와 관심 분야별로 시기별 운을 예측하고 노력할 부분과 조심할 부분을 조언한다. 좋은 것은 더 좋게 하고, 나쁜 것은 피하자는 것이다. 15년 넘게 사주를 들여다보고 연구해오면서 만난 사람들은 두 가지 부류였다. 어떤 사람들은 명리학을 하나의 수단으로 활용하고 주체적으로 의사결정을 하는 반면, 어떤 사람들은 이미 미래가 다 결정되었다는 듯이 스스로 의사결정 내리기를 빠르게 포기했다. 부자가 된 사람들은 단연 첫 번째 유형의 사람들이었다.

# 열심히 일만 한다고
# 무조건 부자가 되는 것은 아니다

우리는 자본주의 사회에 살고 있다. 자본주의 사회가 부를 생산하는 핵심요소는 '자본, 기술, 노동'이다. 물론 고전경제학에서는 '토지'를 중시하기도 하지만 21세기에는 '기술'이 더 중요하다고 생각한다. 자본이 없는 사람은 기술을 익히거나 노동을 제공해서 창출된 부가가치의 일부를 나누어 가진다. 그러나 부의 생산에 있어 '자본'의 비중이 가장 큰 것은 부인하기 어렵다. 그러다 보니 일반인이라 할지라도 부동산, 주식, 채권 등 자산관리에 너무 무관심한 것도 자본주의 사회에 적합하지 않다. 그리고 자산을 관리하는 일도 많은 조사와 고민, 발품의 결과이지 결코 불로소득이 아니다. 경매로 집을 산 사람에게 물어보라. 경매입찰 후에 퇴거협상을 위한 논의가 얼마나 어려운지를. 임대사업자에게 물어보라. 지역 상권에 공실이 생기기 전에 빠르게 리모델링하거나 다른 지역으로 갈아타기 해야 하는 부담과 노력이 얼마나 큰지를.

그러나 자산의 관리에도 사업과 마찬가지로 노력을 넘어선 어떤 시점의 결단이 중요하다. 열심히 일해 돈을 모아도 투자 타이밍을 놓치면 남들이 우량 자산을 확보할 때 뒤쳐진다. 노동으로서의 일도 중요하지만 단지 열심인 것만으로 부를 축적하기에는 현대

사회는 너무 복잡하고 부자의 벽은 너무 높다. 사주명리는 이런 결정에도 도움을 준다.

## 운명의 이치 속에 부의 지름길이 있다

그렇다면 사주를 안 보면 부자가 될 수 없나? 그렇지 않다. 단, 나의 강점과 약점, 그리고 지금 내 주변을 흐르는 기운의 유리함과 불리함을 안다면 사주를 안 봐도 된다. 팔자 여덟 글자는 자신이 어떤 상황에서 성과를 내고 무엇을 불편해하는지에 대한 기본 정보를 담고 있다. 그리고 매해 들어오는 운에 대한 해석은 현재의 유불리를 가늠케 한다. 돈을 벌고 싶다면 유리한 기간에 투자하고 불리한 기간에 조심하는 것이 기본이다. 그리고 자신이 잘하는 분야에서 일하고 그렇지 않은 분야를 멀리해야 한다. 사주는 나의 본질과 주변 환경을 잘 파악하도록 돕는 도구이다. 수단은 무엇이 되어도 상관없다. 현재 상태에 대한 깨달음을 가지고 접근하기만 하면 된다.

그리고 가장 중요한 이야기를 하고 본문으로 들어가려고 한다. 사주명리는 완전한 운명론은 아니지만 사람의 기본 운명 틀은 존재한다고 가정한다. 다시 말해 돈의 그릇이 재벌 총수가 아닌데 무리하는 것은 사주의 순리가 아니라는 것이다. 그러나 돈으로 인해서 나와 내 가족의 자존감이 무너지지 않을 정도까지만 부를 축적해도 자신이 부자라고 생각한다면 이야기가 다르다. 겸손한 목표로 부의 최종 도착지를 설정한 운전자는 모두 종착점에 도착할 수 있으며 이것은 15년간 다양한 사례를 상담한 결과에서 나온 강한 믿음이다. 그러면 사주명리라는 도구를 통해 부자가 되는 길을 걸어보기로 하자.

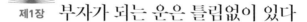

# 제2장 어떻게 운의 흐름을 읽어 부자가 되는가

# 제3장 부자의 길을 향해 가는 사람들

# 부자가 되는 운은
# 틀림없이 있다

# 1
## 어떤 사람이
## 부자가 되는가

얼마나 돈이 많아야 부자일까? 금융권에서 분류하는 부자의 기준은 50억 원, 부자들이 보는 부자의 기준은 100억 원 수준이다. 낮은 금리와 매월의 생활비 지출을 고려하면 연봉이 1억이 된다 해도 저축만으로는 정년 안에 달성하기 불가능한 숫자이다. 정년을 채울 수 있는 직장이 점점 줄어드는 요즘에는 더욱 현실성이 떨어진다. 창업을 한다면 어떨까? 어려운 경기를 생각하면 창업을 한다 해도 성공이 보장되지는 않는다. 금수저 출신이 아니면 부자가 될 수 없을 것만 같다. 그러나 누군가는 지금 이 순간에도 차곡차곡 자신의 부를 쌓아가고 있는 것이 사실이다.

도대체 누가, 어떻게 부자가 되는 것일까? 경제 전문가들에게 같은 질문을 한 적이 있다. 답은 우리가 사는 세상은 자본주의 사회이니 '자본이 일하게 하는 사람'이 부자가 된다는 것이다. 쉽게 말해 달라고 하니 노동만으로는 아무리 열심히 일해도 24시간이라는 제약이 있고, 아무리 일을 잘해도 고용자와 약속한 금액 이상을 벌지 못하니 부자가 되기 어렵다는 것이다.

하지만 대부분의 사람들은 노동으로 돈을 벌고 있다. 자영업자도 자본가라기보다는 스스로를 고용한 노동자에 더 가깝지 않은가. 이것이 긴 시간 노동을 하기보다는 잠시 짬을 내어 구한 부동산과 주식 정보에 주목하고, 비트코인에 솔깃하며, 경매로 돈을 번 친구들 이야기가 머릿속에 맴돌게 되는 이유이다. 그러나 막상 내 이야기가 아니라는 생각에 허탈한 마음으로 하루를 마무리한 적이 많지 않은가. '결국 운이 좋아야 돈을 버나?' 하는 생각을 하면서 말이다.

운을 연구하는 사주명리에서도 재운은 중요한 관심사이다. 사주에서는 어떤 사람이 부자가 된다고 할까? 한마디로 '부자의 운을 만들어가는 사람'이라고 말한다. 물론 부자의 자녀로 타고나는 운수 좋은 사람도 있다. 그러나 사주 상담 중에 만난 '부자들'의 80%

이상은 어려운 환경에서 자수성가했거나 부모가 물려준 평범한 재산을 본인의 노력으로 더욱 키운 사람들이었다. 그러면 혹시 그들 모두가 태어날 때 이미 부자의 자질을 갖추었던 것은 아닐까? 어느 정도는 맞다. 부자 고객의 사주를 분석해보면 확실히 부자들만의 특징이 있다. 그런데 왜 '어느 정도'라고 할까? 왜 부자의 운을 '타고난' 사람들이 아니라, 부자의 운을 '만들어' 가는 사람들이라고 할까?

## 팔자가 같아도 부의 크기는 다르다

사주명리에서 보는 부자의 운을 이야기하려면 사주의 기본 구성을 알 필요가 있다. 사주명리는 태어난 연, 월, 일, 시의 정보로 개인의 운을 예측하는 학문이다. 2019년 돼지띠 해는 기해년己亥年이다. 기己와 해亥라는 2개의 한자가 연도와 관련된 정보이다. 이처럼 태어난 달月, 날日, 시간時도 각각 2개의 한자로 표현된다. 시간의 경우 하루 24시간을 두 시간 단위로 나눈다. 우리 조상들이 하루의 시간을 띠의 12지亥를 이용해 두 시간씩 나눠 자시子時, 축시丑時, 인시寅時 등으로 나눈 것과 같은 이야기다. 따라서 사주명리에서는 두 시간 안에 태어난 사람은 같은 시를 타고난 것으로 간주한다. 가령 양력 2019년 8월 15일 낮 12시에 아기가 태어나면 다음의 사주를 가지고 평생을 살게 된다고 본다.

| 시 | 일 | 월 | 연 |
|---|---|---|---|
| 庚 | 甲 | 壬 | 己 |
| 午 | 申 | 申 | 亥 |

연, 월, 일, 시가 각각 2개의 한자 정보를 가지므로 전체가 여덟 글자인데 그 모양이 마치 기둥이 4개가 있는 것 같다고 해서 기둥 주柱라는 한자를 쓰고, 사주팔자四柱八字라고 부르게 되었다. 팔자가 좋다 나쁘다 하는 말은 여기에서 나왔다.

그런데 여기서 우리는 합리적인 의심을 해볼 필요가 있다. 2018년의 통계를 보니 월별 신생아 수가 1~7월에 약 21만 7,500명이었다. 월 평균 3만 명 수준이다. 한 달을 30일로 보면 매일 1,000여 명의 아기가 태어난다. 앞에서 사주명리에서는 두 시간 내에 태어난 사람은 같은 사주팔자를 타고난다고 했다. 하루는 24시간이니 12개의 시간 단위가 있다 하면 우리나라에만 나와 팔자가 같은 사람이 대략 80명이라는 계산에 이른다. 남녀라는 성별 기준으로 나눠봐도 40명은 나와 같은 팔자다.

그런데 이들의 통장 잔고가 모두 같을까? 거주하는 아파트 가격이 모두 같을까? 상식적으로 말이 안 된다. 이 상황을 어떻게 이해해야 할까? 그러나 너무 어렵게 생각할 필요가 없다. 사주는 부자가되는 요인 중 하나일 뿐이지 모든 것은 아니기 때문이다.

# 사주는 인생의 DNA

사주와 부자의 관계를 쉽게 이해하도록 돕는 좋은 비유가 있다. 누가 건강히 오래 사느냐, 즉 '장수'에 빗대어 생각하는 것이다. 사람이 무병장수하려면 다음의 세 가지가 중요하다. 우선 타고난 DNA에 질병 유전자가 없고, 면역력이 강한 체질로 태어나면 유리하다. 의사들이 암이나 당뇨 등의 질환과 관련해 가족력을 묻는 것도 같은 맥락이다. 다음은 성장기에 좋은 음식을 먹고, 공해가 적은 지역에서 성장하는 것이다. 성장기의 건강은 평생의 밑거름이기 때문이다. 마지막으로 본인이 성인이 되어 열심히 운동하고 음주와 흡연을 멀리하며 과식하지 않아야 한다. 여기에 하나를 더 추가하면 불의의 사고를 당하지 않는 것이다. 아무리 건강해도 비 오는 날 계곡에 물놀이하러 간다면 위험하기 때문이다.

〔건강 방정식〕

$$Y(무병장수) = f(X1, X2, X3) + a$$

X1: DNA, X2: 부모의 섭생 환경, X3: 운동 및 음주·흡연 습관,
a(외부 돌발변수): 사고

25

지인 중에 부모님 두 분 모두 50대에 암으로 돌아가신 사람이 있다. 지인은 틀림없이 본인에게 암 유전자가 있을 것이라 생각했다. 술과 담배를 멀리했고, 늘 약속된 시간에 운동을 했다. 최근에는 마라톤까지 시작했다. 직장 내 스트레스가 발암의 요인이라는 기사를 보더니 마음을 편안히 하는 명상까지 시작했다. 정밀 건강 검진까지 매년 철저히 받는 이 사람과 비교하여, 건강하게 태어났으나 매일 술 담배에 찌들고 업무 스트레스에 늘 마음 편할 날이 없는 사람 중에 누가 장수할 확률이 높을지는 군이 의사에게 물어볼 필요도 없을 것 같다. 물론 본인 과실이 아닌 사고의 경우에는 예외이다. 그러나 사고는 확률적으로 흔한 일도 아니고, 내가 통제할 수 있는 상황도 아니다. 오히려 안전 운전에 힘쓰고 홍수 기간에 캠핑하지 않는 것이 최선이다. 이처럼 DNA를 사주라고 생각하면 부자에 대한 사주명리의 관점도 쉽게 이해된다.

〔부자 방정식〕

$$Y(부) = f(X1, X2, X3) + a$$

X1: 사주, X2: 부모의 재산, X3: 개인의 투자 및 절약,
a(외부 돌발변수): 경제적 특수 상황

사주는 생년월일시 정보라서 태어난 때를 바꿀 수가 없다. 이러한 사주는 삶에서 매우 중요한 고유 정보이다. 그래서 DNA에 비

유한다. 한 인생에서 바꿀 수 없는 정보, 그러나 내가 그 선택에 어떠한 관여도 하지 못한 정보가 DNA인데 사주 정보가 바로 그런 것이다. 자동차라면 공장에 다시 들어가 리콜 서비스라도 받겠지만 우리는 어머니 뱃속으로 되돌아가지 못한다. 사실 태어난 환경도 나의 자유의지와 무관하다. 부모가 큰 부자라면 부를 물려받아 부자가 될 확률이 높다. 오죽하면 숟가락 색에 대한 자조적인 이야기가 나왔겠는가. 그러나 건강을 위한 노력이 무병장수의 확률을 높여주듯이 부자가 되는 길에도 개인이 쓸 수 있는 방법이 있다. 투자와 절약 노력, 그리고 사업이든 월급이든 지속적으로 현금을 창출하는 것이 바로 그것이다. 당연한 이야기 같지만 누구는 해내고 누구는 해내지 못한다.

## 세상을 움직이는 법칙은 생각보다 간단하다

부자 방정식을 건강 방정식으로 비유했으니 더욱 이해하기 쉽게 다이어트를 예로 들어보자. 수많은 헬스클럽, 병원과 한의원의 다이어트 진료, 다이어트 보조식품, 지방 흡입술, 위 절제술 등 간단한 방법부터 수술대에 올라가는 방법까지 다이어트를 위한 인간의 노력은 정말 대단할 정도이다. 그런데 사실 더욱 간단한 다이어트 방법이 있다.

적게 먹으면 된다. 실제 개인적으로 3개월에 22kg을 감량한 적이 있다. 그 기간 동안 아침은 샐러드, 점심은 밥 반 공기와 생선구이, 저녁은 바나나 1개에 우유 한 잔만 먹었다. 튀김과 라면, 국물 있는 식사는 하지 않았다. 그리고 하루에 한 시간 이상 걸었다. 96kg이 3개월 만에 74kg이 되었다. 주변에서 "어떻게 그럴 수 있었냐, 독한 사람이다"라는 등 다양한 이야기를 들었다.

그 이야기들의 핵심은 남들이 못하는 것을 해냈다는 것이다. 사실 의학적으로 체중은 먹은 양과 배설한 양의 차이이다. 이것을 '인앤아웃'(in and out), 즉 입으로 들어간 것과 배설로 나간 것의 차이라고 부른다. 한 줄짜리 공식으로 매우 간단하다. 다만 누구는 하고 누구는 하지 못해 병원과 다이어트 관련 산업에 돈을 바칠뿐이다. 여기까지 쓰니 내가 대단한 사람 같지만 그렇지 않다. 몇년 후 직장을 옮기고 심한 스트레스를 받으면서 밤마다 야식을 주문한 결과 15kg이 다시 불어났기 때문이다.

부자의 길도 비슷하다. 누구는 타고나기를 먹어도 살이 안 찐다는데, 그런 이야기는 내 이야기가 아니니 들을 필요가 없다. 그렇게 태어나지 않으면 남을 부러워하지 말고 덜 먹고 더 운동하면 된다. 누구는 신혼 때부터 부모가 차 사주고 집 사준다고 했는데 내 부모가 그러지 못했으면 돌아볼 필요도 없다. 지금부터 돈을 아끼고 투자에 눈을 뜨면 된다. 가진 자본이 적으니 현재 하고 있는 생업에서 지속적으로 현금이 들어오도록 흐름을 만드는 일도 소홀히 하면 안 된다. 화난다고 직장을 때려치우면 안 된다. 다이어트의 길이 단순하지만 어렵듯이 부자의 길도 단순하지만 어려울 뿐이다.

# 2

명리가 알려주는
'잘 사는' 방법

"재테크 책만 보고 부자 특강만 들으면 되지, 사주를 아는 게 부자가 되는 것과 무슨 관련이 있나요?" 하는 질문을 받은 적이 있다. 10년도 더 된 일이다. 아무리 애를 써도 요즘 들어 회사 다니기가 싫다며 어두운 얼굴로 명리 상담을 의뢰해온 30대 여성이 한 말이었다. 자신에게 재운이 들어 있긴 한지, 언젠가 경제적 자유를 누릴 수는 있을지 답답하다며, 마지막으로 사주나 볼 셈으로 찾았다고 했다. 나는 이렇게 말했다.

"사주를 안다고 100% 부자가 되는 것은 아닙니다. 본질적으로 타고난 사주팔자 자체는 변하지 않아요. 명리학은 보상, 획득을 위한 학문이 아니라 좀 더 나은 의사결정을 돕는 학문입니다. 다만, 사주를 활용해 각자의 체질, 생활습관, 성격 등에 따라 어떤 시점에 어떤 환경에 처할 확률이 높은지를 알려드릴 수는 있습니다. 그 사이에 어떤 일을 해야 조금이나마 특정 시기의 운을 더 잘 활용할 수 있는지도 같이 고민할 수 있고요."

마치 같은 돈과 시간을 들여도 자신의 체질, 생활습관, 성격 등을 고려해 다이어트 전략을 짜면 감량에 성공할 확률이 더 높은 것처럼, 명리학은 개개인의 특성에 맞는 인생의 개략적인 힌트를 제공해준다. 이 책에서는 그중에서도 '재운', 즉 돈이 들어오는 운을 증폭시키는 법을 중점적으로 알아보려고 한다. 학생들을 보면, 같은 밥 먹고, 같은 학교에 다니며, 같은 학원을 다녀도 성적의 차이가 난다. 그건 개인별 맞춤 공부 전략이 없어서 그런 것이다.


## 운은 어떻게 돈을 부르는가


상담으로 만난 분들 중에 CEO나 임원들이 많다 보니 골프 이야기를 접할 때가 많다. 취미로 골프를 하는 분들도 있지만 사업상 골프가 필요해서 어쩔 수 없이 시작한 분들이 대부분이다. 좋아서 시작한 것이 아니라 필요에 의해 시작했고, 대부분 몇 달 안으로 필드에 나가서 고객을 만나야 하는 상황에 처했던 분들이다. 이분들이 소기의 목적을 달성하기까지 동영상 교육만으로는 실력이 늘지 않았다. 대부분 개인 과외를 지속적으로 받았다. 맞춤형 교육을 하는 좋은 선생님을 만나 자신에게 적합한 연습 방법을 소개받은 사람들은 금방 실력이 늘었다.

같은 골프 코치라도 어떤 사람은 교과서처럼 자신이 옳다고 여기는 스윙 자세를 될 때까지 강조한다. 하지만 좋은 코치는 교습받는 사람의 골격 형태와 발달된 근육, 평소의 자세와 습관 등을 고려해 개인별로 다르게 설명한다. 목표는 같으나 과정이 다른 것이다. 평범한 코치는 대규모 학원 강의와 같은 방식으로 가르치지만 탁월한 코치는 학생별 차이점을 고려해 학습목표에 도달하도록 돕는다. 개인이 부자가 되는 길에도 이런 도움이 있다면 더 효과적이지 않을까? 그래서 부자 되는 길을 논할 때 지극히 개인적이며 달리 적용 가능한 정보인 사주명리를 이야기하게 된다.

사주 정보는 개인의 고유한 장단점과 유리하고 불리한 시기, 그리고 무엇보다도 중요한 나만의 성격 요인을 포함한다. 이런 속성들을 고려하지 않고 무조건 아파트 투자를 하고, 채권을 사며, 증권가를 돌아다닌다면 아무리 같은 고수의 인터넷 강의를 들어도 개인별 성과에 차이가 난다. 나를 알고 나에게 적합한 부자 되기 전략을 세우는 것에 사주가 도움이 된다는 것이다. 물론 재무 컨설턴트의 개인별 조언은 좋은 골프 선생님의 그것과 같다. 재무 컨설턴트가 각자의 자산과 소득 수준을 보고 부의 축적 방법을 조언하는 것은 분명 도움이 된다. 하지만 그들은 나만이 고유하게 가지는 인간적 속성, 다시 말해 돈과 관련한 내 마음 상태와 타고난 장단점, 어떤 시점에 재운이 오르고 내리는지까지 알려주지는 않는다.

## 새로운 부자의 정의
### – '자존자본'自尊資本을 확보했는가

사실 이즈음에서 이 책의 진정한 목표를 소개할 때가 된 것 같다. 왜냐하면 눈치 빠른 독자들은 지금 정도에 다음과 같은 의문을 가질 것이기 때문이다. '그래서 나는 내 사주의 특성을 잘 파악하고 열심히 노력만 하면 자산 100억, 아니 적어도 50억 정도의 부자는 될 수 있다는 이야기인가?'라는 의문 말이다. 대답은 20~30% 정도의 확률로 '그렇다'이다. 통상 잘 본다는 역술인들 사이에서 흔히 사주는 70~80%는 맞는다는 이야기를 한다. 다시 말해 날 때부터 돈 그릇이 큰 부자가 아니라면 100억 원은 대체로 무리라는 것이다. 그러나 나머지 20~30%는 사주명리로도 불변의 운명이라고 할 수 없는 열린 기회이다. 앞서 말했듯이 두 시간 안에 태어난 사람은 사주가 같다. 그러나 삶의 모습이 100% 같을 수는 없기에 부의 축적 수준도 다르다. 부자가 되는 그릇의 크기 역시 완전히 고정불변은 아니다. 그래서 나는 사주에 큰돈 버는 팔자가 없더라도 100억 원 이상의 부를 추구하는 것을 말리지는 않는다. 다만 사주가 개인의 부에 대한 설명력, 예측력이 있으니 사주에 큰 부자 운이 있으면 100억 또는 그 이상을 모으는 데 유리하고, 없으면 불리하다고는 말할 수 있다.

그런데 우리가 부자가 되려는 것이 오로지 수백억 원을 모으기 위함일까? 대부분 사람들이 가진 부에 대한 목표가 그 정도는 아닐 것이다. 내가 사는 동네에 아파트 한 채 가지고, 자녀에게 모자람 없이 교육을 시켜주고, 100세 인생에서 매월 적절한 수준의 생활비가 들어오는 안정된 노후를 원하는 것이다. 사치하지 않는다면 100억까지는 필요 없다. 한마디로 돈 때문에 자존심, 자존감 상하지 않는 수준까지 가자는 꿈이며, 우리가 사는 자본주의 사회에서 자본으로부터 최소한의 자유를 얻고 싶다는 마음이 대부분 사람들의 목표이다. 이것을 달성한 사람을 나는 '자존자본'을 확보한 사람이라고 부른다. 그리고 자존자본은 사주에 큰 부자 팔자가 없더라도 누구나 달성할 수 있다.

# 스스로 운을 깨워 진정한 풍요를 얻는 길

그러면 자존감을 확보하는 수준의 돈은 어떻게 벌 수 있는가?

첫째, 가족 구성원의 수를 고려해 향후 필요한 돈의 규모를 객관적으로 산정한다. 미래의 금리 인상이나 물가 동향을 정확히 알지는 못하지만 과거의 흐름을 토대로 볼 때, 식구 수를 기준으로 대략 어느 정도 필요한지 예상할 수 있다. 목표 금액에 대해 확실한 감이 없으면 다른 사람의 대박 소식에 마음이 흔들리고, 주변의 무리한 투자 요구에 유혹받게 된다. 기본 중의 기본은 현실적인 목표를 세우는 것이다. 이 부분은 재무 전문가의 도움을 받는 것도 추천한다.

둘째는, 사주와 관련된 것인데, 내 사주팔자를 분석해서 내가 어떤 방식으로 돈을 추구해야 자존자본 수준의 돈을 벌 수 있는지 정확히 파악해야 한다. 투자는 그중의 한 방식일 뿐이다. 현재의 소득만으로 자존자본 확보가 어려울 때 고려하는 투자 외의 방법들은 연봉을 높이거나, 부업을 하거나, 퇴직 후에도 현금 흐름이 유지되는 제2의 일자리를 준비하는 것이다. 언뜻 당연한 이야기 같지만 사주 구성에 따라 어느 방식이 자신에게 적합한지, 두 가지를 병행해도 되는지는 사람마다 다르다.

사주에 투자운이 약한 사람도 많다. 이런 사람은 절대적으로 안정된 고용 형태를 제공하는 직장에 다니면서 저위험 투자처만을 노려야 한다. 물론 배우자의 투자운이 괜찮으면 내 명의가 아니더라도 투자에 관심을 가질 수 있다. 아쉽게도 필자 또한 100억 부자의 그릇을 타고나지는 못했다. 그래서 개인의 그릇에 맞게 자존자본 수준을 정했고, 그만큼만 돈을 벌려고 한다.

마지막으로는 부자가 된 사람들이 자본을 축적한 방식을 정확히 이해하고 따라 해야 한다. 자본주의 사회에서 돈을 버는 방식은 크게 다르지 않다. 다만 투입자본의 크기가 크면 결과가 크고, 투입자본의 크기가 작으면 결과가 작을 뿐이다. 작은 규모로 부를 축적하더라도 부자가 된 사람들의 돈 버는 방식을 연구하고 내 상황에 맞게 적용하는 방법은 꼭 배워야 한다.

그런데 부자들의 노하우는 재테크 서적에서도 배울 수 있지만, 그동안 필자가 다년간 상담하면서 관찰해온 부자 고객들의 방식에서도 배울 점이 있었다. 재테크 서적이 부자 되는 방법을 이론적으로 제시한다면, 사주 상담에서 관찰한 특징들은 부자들이 자신의 사주에 따라 어떻게 본인만의 장단점을 파악하고, 때를 노려 돈을 벌었는지를 개별 사례로 알려준다. 돈이 움직이는 기본 원리는 자본주의 사회에서 모두 같기에, 부자들이 노력한 방법들은 부의 그릇과 상관없이 자존자본을 확보하는 정도의 돈을 버는 데도 도움이 된다.

나아가 부자들의 운에 있는 속성들을 행동으로 따라 한다면 원래 없던 운을 움직여 내 운의 극대치까지 돈을 벌 수가 있다. 그런 노력이 지속되면 운의 그릇 자체가 커져서 사주에서 예측하는 경우보다 더 큰 부를 얻기도 한다. 이 정도면 거의 운명을 개조하는 수준에 가깝다. 물론 쉽지는 않으나 가능하다. 아주 비현실적인 목표가 아니라면, 목표를 높이 가져야 부분적인 성과라도 얻는다. 주어진 사주팔자를 부정하지 않더라도 부자들의 행동을 배워서 좋은 운을 스스로 만들 수 있다. 그런 신념으로 운명을 바꿀 정도의 노력을 하면 적어도 자존자본은 확립할 수 있다. 물론 그 이상이 가능한 경우도 있다.

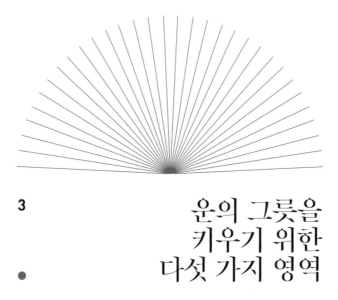

**3**

# 운의 그릇을 키우기 위한 다섯 가지 영역

태어난 모습 그대로 평생을 사는 사람이 있다. 반면에 자신의 장점과 단점을 알고 스스로 가꾸며 발전하는 사람도 있다. 운의 영역도 이와 비슷하다. 타고난 운을 어떻게 관리하느냐에 따라 자신에게 주어진 운의 그릇을 키우고 운이 트이게 할 수 있다.

　부자가 되는 것도 마찬가지다. 부자의 팔자 요인이 사주에 없더라도 부자들의 행동을 익히면 나에게도 부자의 기운이 들어온다. 부자들의 행동을 롤모델 삼아 따라 하면 그들이 가져온 운을 나도 일부 가질 수 있다. 물론 타고난 틀을 완전히 바꿀 수는 없다. 그러나 자신을 돌보는 노력으로 어느 정도의 미남, 미녀가 될 수 있듯이 부에 있어서도 현실적인 목표라면 우리 모두 목표를 달성할 수 있다.

큰 부자들이 운을 일상적으로 연구하고 운만을 따라가 돈을 번 경우는 드물다. 그러나 그들의 어떠한 생각과 행동들이 좋은 운을 불러온 것만은 확실하다. 타고난 사주에 부의 그릇이 큰 것도 있지만 사주가 같아도 실제 벌은 돈의 크기가 사람마다 차이가 나는 것은 운의 기운을 얼마나 자신이 불러왔는가에 따라 달라지기 때문이다.

돈이란 인간 사회의 한 부분이다. 따라서 사주 명리학에서는 돈을 버는 운의 원리를 알려면, 돈에 앞서 인간관계에서 중요한 모든 요소들을 관통하는 하나의 원리를 알아야 한다고 주장한다. 그 원리들을 재물과 관련한 시각으로 재해석하면 그것이 바로 '부를 축적하는 운을 가져오는 법'이다. 따라서 부자들의 재운을 알아보기 전에 우리가 인생에서 어떤 운들을 사용하면서 살고 있는지 알아야 한다. 그리고 그것을 부의 관점에서 다시 살펴보기로 한다. 큰 부자들 또한 다음에 소개할 운의 영역들에서 특히 돈과 관련해 탁월한 결정력과 행동력을 보여준 사람들이다. 그 원리를 이해하고 따라 하면 누구나 자존자본을 확보할 수 있다.

# 다섯 가지 운 영역으로 시작하는 사주 공부

사주에서는 인간의 사회생활을 다섯 가지 운의 영역으로 분류하고, 이 기운들이 각 영역별로 고르게 균형을 이룬 삶을 잘 사는 삶이라고 부른다. 그래서 가족이든, 친구이든, 직장 상사이든, 재물이든 나를 둘러싼 기운은 다음에 소개할 다섯 가지 방향에서 오고간다.

그 다섯 가지는 나를 통제하는 기운, 나를 돕는 기운, 나와 상호 간에 돕는 기운, 내가 돕는 기운, 내가 통제하는 기운이다. 세상은 혼자 살 수 없고 가족이나 친구, 회사 동료 등 누군가와 어떠한 형태의 사회관계를 이루며 살아간다. 그런데 그 관계는 자세히 보면 내가 도움을 주거나 받는 관계와 내가 통제를 하거나 받는 관계로 요약된다. 아닌 것 같은가? 잘 생각해보라. 나와 전혀 관계가 없는 무의미한 대상이 아니라면 사람이든 사물이든 모두 도움과 통제, 이 두 가지 단어로 요약이 된다.

그러나 사주에서 도움이란 무조건 좋고 통제란 무조건 나쁜 것이 아니다. 너무 도움만 받으면 과식하여 비만이 되는 것과 같고, 너무 도와만 주면 내 에너지만 낭비해 실속이 없다. 물론 통제만 받으면 답답하지만 통제를 받지 않으면 방만한 인생이 된다. 내가 통제를 하는 대상에게 너무 심하게 하면 관계가 틀어지지만, 상대방을 너무 통제하지 않아도 원하는 것을 얻지 못한다. 그래서 돈이

나 명예, 그 외의 무엇이든지 인간사에서 얻고자 하는 가치들은 도움과 통제의 관계 속에서 이루어진다는 것이 사주 이론의 주장이다. 여기서 나와 상대가 서로 돕는 상호 관계까지 포함하면 모두 다섯 가지 영역이 된다.

물론 이 다섯 가지 영역에서 완벽한 균형을 갖춘 사람은 이 세상에 없다. 앞서 말했듯이 사주를 '팔자'라고도 하는 이유는 생년월일시, 즉 운명의 DNA가 총 여덟 글자로 구성되기 때문이다(운을 담는 그릇의 빈 자리는 8개인 것이다). 그런데 운의 다섯 영역은 음양陰陽으로 경우의 수가 둘로 나누어지다 보니, '5×2=10', 즉 10개의 세부 운으로 나누어지고, 이것을 전문용어로 10개의 기운, '십신'十神이라고 한다. 운이 10개다 보니 내 사주의 8개의 공간에 담을 수 없다(2장에서 다시 설명하겠지만 8개 중 하나는 '나'를 뜻하므로 정확히는 7개의 공간이다). 10개의 운을 다 가지고 태어나야 균형 있는 운을 가진 사람인데 말이다.

이것은 인간이 완벽할 수 없음을 뜻하며 모든 사람은 다른 사람에게 기대고 살아야 하는 부분이 있음을 의미한다. 부자가 돈은 많지만 건강, 가족, 교우 관계, 명예 등 인생의 다른 가치들에서도 늘 성공하는 것은 아니다. 그렇기에 이 책의 주제가 부자를 연구해서 나만의 자존자본을 확보하는 데 집중하는 것이지만, 부를 축적하는 것은 행복의 한 부분일 뿐임을 강조하고 싶다. 그러면 세상을

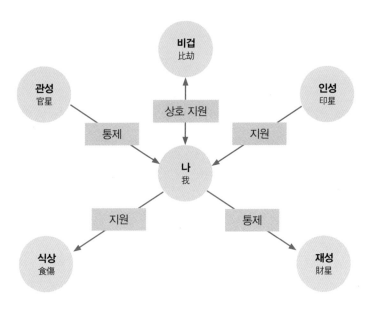

[인간사의 다섯 가지 운 영역]

잘 살기 위해 필요한 다섯 가지 운들을 자세히 살펴보기로 한다.
이 원리를 알아야 운을 가꾸고 키울 수 있다.


## 나를 통제하는 기운, 관성官星

'관'官은 예전의 관직을 뜻할 때의 그 글자가 맞다. 사람들이 관운
이 있다고 말할 때의 글자이다. 그런데 왜 '관'이라는 뜻이 나를 통

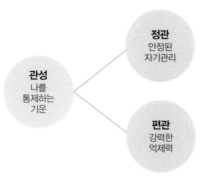

제하는 것일까? 예전의 관운, 즉 관직은 요즘에는 회사나 정부기관 등의 조직을 두루 의미한다. 이론적으로는 관운을 '정관'正官과 '편관'偏官으로 나누는데, 정관은 행정부나 대기업의 관리직과 같이 안정감 있는 조직을 의미한다. 그래서 '정관'의 운은 변동성을 통제하는 안정된 자기 관리의 기운으로 분류된다. '편관'의 운은 군, 검찰, 경찰과 같이 강력한 통제력을 뜻한다. 다소 물리적 힘이 필요하더라도 강하게 자신을 억제하는 절제력을 뜻한다.

정관이건 편관이건 조직은 개인을 통제한다. 개인이 조직에 속하면 마음대로만 할 수는 없다. 언뜻 생각하면 나를 답답하게 하는 기운이다. 그러나 나를 통제하는 기운이 없으면 매사 자신의 마음대로 결정하고 행동하게 된다. 그러다 보면 큰 실수를 저지르게 되고 때로는 돌이킬 수 없는 상태에 이르기도 한다. 물론 체질적으로 다른 사람의 통제를 받기 어려운 성격도 있다. 그런 사람은 사주 분석을 하면 대체로 관성에 해당하는 기운이 부족하다. 남의 통제를 받지 못하는 사람은 다른 말로 자신을 스스로 돌아보지 못한다는 이야기다. 위험을 알지만 용기 내어 시도하는 것이 아니라 무엇이 위험한지 모르고 행동하는 무모함이다. 살다 보면 그런 사람에게는 큰 위기의 순간이 오기 쉽다. 자신을 돌아보고 위험을 자각하는 위기관리 능력을 배우지 않으면 안 된다.

단, 관성운이 너무 많으면 사주에서는 관재구설官災口舌이라고 해서 송사와 시비, 뒷담화에 빠지기 쉽다고 본다. 나쁜 일로 관청에 갈 일이 많다는 뜻이다. 어떤 기운이든지 넘치면 좋지 않은 것이 사주의 기본 원리이자 대자연의 원리이다. 관성이 너무 많으면 주변 사람과 원만히 지내고 불필요한 다툼을 피하는 지혜를 권한다.


## 나를 돕는 기운, 인성印星

'인'印은 한자로 도장이나 관인을 뜻한다. 옛날 관리들이 자신의 신분을 알리기 위해 옆에 차고 다니던 패찰 같은 것이다. 이 글자가 왜 나를 돕는 의미인지 의아할 수도 있지만 신분증이나 박사 학위, 변호사나 의사 면허(라이선스)를 생각해보면 이해가 쉽다. 한마디로 내 입으로 말하지 않아도 나의 능력을 알려주는 것인데, 이런 것이

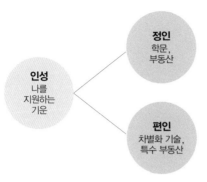

인성
나를
지원하는
기운

정인
학문,
부동산

편인
차별화 기술,
특수 부동산

삶에 있으면 당연히 도움이 된다. 그리고 그것을 얻는 과정이 공부이다 보니 인성을 공부의 기운으로도 본다. 부모나 주변 사람의 도움도 사주에서는 인성의 기운으로 해석한다. 나에게 힘이 되어주는 배경은 내가 세상에서 일일이 설명하며 일하지 않게 한다. 집문서도 인성이다. 굳이 내 땅, 내 집이라고 하지 않아도 문서만으로 나의 소유가 인정된다. 넓게 보면 공부를 포함해 나 스스로 나를 돕는 과정 일체도 인성의 영역이다.

인성은 세분화하면 '정인'正印과 '편인'偏印으로 나뉜다. 정인은 일반적인 공부 영역이나 안정된 부동산으로, 편인은 다소 독특한 기술이나 개성이 강한 분야의 공부, 또는 특수 부동산 영역(경매 등)을 뜻하기도 하지만 요즘은 세상이 복잡하여 그 구분이 다소 모호한 경우도 많다. 중요한 것은 인성이 너무 많으면 필요 이상의 공부를 한다는 뜻이라는 점이다. 삼시 세끼 과식하는 상황과 같다.

그래서 배운 만큼 풀지 못하고, 먹은 만큼 소화하지 못하는 상황을 의미한다. 인성이 너무 없어도 자기 계발에 힘써야 하지만, 너무 많을 때는 덜 생각하고 실행에 집중하는 것이 바람직하다.

## 서로 돕는 기운, 비겁比劫

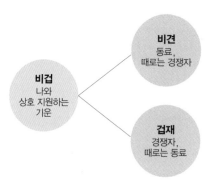

이 글자는 '비견'比肩과 '겁재'劫財의 합성어이다. 비견이란 한자로 어깨肩를 비등하게 견준다比는 뜻이다. 즉 나의 친구와 동료를 의미하며 서로 도울 수 있는 존재이다. 다만 친구와 동료는 경쟁의 대상이 될 수도 있다. 겁재는 주변에서 나의 재물財을 빼앗아간다劫는 뜻이다. 빼앗아가는 기운은 언뜻 나쁘게 보이지만 빼앗아가는 기운을 감지하면 더욱 내 것을 예민하게 챙기는 마음이 생겨나의 귀한 것을 지키는 힘이 되기도 한다. 친구가 적이 될 수도 있듯이, 나의 적이 나의 경계심을 북돋위주기도 하는 오묘함을 깨달아야 한다. 쉽게 말하면 비견은 나와 상호 지원하는 동료이지만 동료가 많으면 나눌 것이 적어져 경쟁 관계가 될 수 있고, 겁재는 나와 경쟁하는 주변 사람이지만 나를 도울 사람이 없을 때는 전략적 제휴를 하는 대상이 될 수도 있는 것이다.

## 내가 돕는 기운, 식상食傷

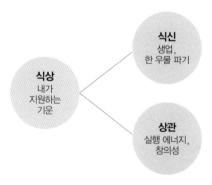

이 글자는 '식신'食神과 '상관'傷官의 합성어이다. 식신이란 먹을 식食이 뜻하듯 열심히 일해 생계를 꾸려가는 힘이다. 내가 누군가를 도우면 내가 밥 먹을 수단이 생긴다는 의미다. 생계를 영위하는 기운이니 한 우물을 파는 끈기와 실행력, 실천력으로 보기도 한다. 반면 상관은 조직, 즉 관官을 상傷하게 한다는 뜻이다. 너무 열심히 일하다 보면 조직의 뜻과 배치될 수도 있다는 진리를 담고 있다.

상관이 강한 사람은 개인 사업을 하는 것이 보편적이나, 조직에 있으려면 외근이 많은 영업직이나 창의성이 강한 신제품 개발팀 등에서 일하는 편이 좋다. 상관 특유의 강한 실행력이 조직과 덜 부딪히고 외부로 분출될 수 있기 때문이다. 그렇다고 식신이나 상관 사이에 무엇이 더 좋고 나쁨의 의미는 없다. 식신은 한 가지를 꾸준히 안정되게 하는 대신 혁신적인 힘은 적고, 상관은 조직과의 갈등은 있으나 세상을 바꾸는 새로움이 있기 때문이다. 다른 기운도 너무 많으면 해가 되듯이, 식상도 너무 많으면 내 기운이 너무 소진되어 기력이 쇠하므로 정신적 안정과 육체적 운동을 통해 힘을 계속 보충해주어야 한다.


# 내가 통제하는 기운, 재성財星

재성의 재財는 재물을 뜻하는 바로 그 한자이다. 물론 돈도 되지만 내가 거두어들인 성과를 포괄적으로 뜻한다. 그리고 이 성과를 위한 집요한 목표의식을 의미한다. 세부적으로는 안정된 자산이나 매월 일정하게 들어오는 월급을 '정재'正財로, 하이리스크 하이리턴(high risk high return)의 고위험 투자를 '편재'偏財로 분류한다.

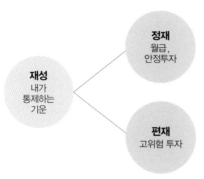

여기서 '부자와 관련된 책이면 재성만 설명하지 왜 다른 운들도 알아야 할까?' 하는 의문이 생길 수 있다. 명심해야 할 것은, 어느 날 자다가 하늘에서 돈 보따리가 떨어지는 일은 없다는 사실이다. 인간사의 다양한 관계와 인연 속에서 돈이라는 결과가 내게 온다. 사회생활상의 다섯 가지 삶의 기운, 운 영역 모두가 종합적으로 돈을 만들어낸다. 그래서 재성운을 알기 전에 다른 상호작용을 공부하는 것이다.

물론 사주에 재성운이 너무 없어도 돈복이 적거나 업무에서 결과 지향적 마인드가 부족하고, 너무 많아도 분수를 넘어 돈과 성과를 추구하다 실패할 수 있다. 재성운이 너무 많은 경우에는 오히려 목표 하나를 정조준하는 습관이 중요하다.

# 나를 아는 것이 부자 되는 첫걸음

나를 둘러싼 다섯 가지 기운을 정리하면 이렇게 볼 수 있다. 누군가 나를 적절히 통제해주거나 적어도 스스로 자제력이 있는가?(관성), 누군가 나의 성공을 도와주거나 성공에 필요한 지식을 내가 가지고 있는가?(인성), 나는 누군가와 서로 도움을 주고받고 있는가?(비겁), 나는 누군가를 도와주고 있거나 내가 일하는 조직과 고객에게 도움이 되는 사람인가?(식상), 나는 원하는 것에 대해 충분히 통제력을 가지고 있는가?(재성)

그 주제가 꼭 돈일 필요는 없다. 어떤 주제와 상관없이 단지 나의 삶이라는 포괄적인 관점으로 다섯 가지 질문들을 해보기를 권한다. 이 원리 그대로 돈과 관련한 삶의 관계도를 그릴 것이다. 생년월일시라는 사주팔자를 굳이 뽑아보지 않아도 느껴지는 것이 있으리라 믿는다. 그리고 어떤 부분이 아쉬운지, 어떤 부분이 상대적으로 자신 있는지 감이 온다면 사주팔자를 굳이 안 봐도 이미 자신의 운명에 대한 통찰력을 가지고 있는 사람이다.

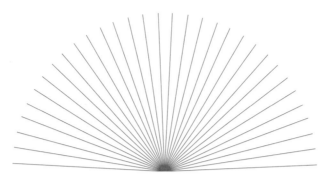

# 4

## 돈이 붙는 운명의 절대 법칙

이제 본격적으로 어떻게 돈이 붙는 운을 가져올 것인지 알아볼 차례이다. 앞에서 이야기한 관성, 인성, 비겁, 식상, 재성의 다섯 가지 기운을 부자가 되는 기운으로 재해석할 것이다. 누군가 돈이 붙는 운을 어떻게 키울 것인지 묻는다면 다음의 다섯 가지 운을 '나'라는 '우주' 안에 '균형 있게' 품고 있는 것이라고 말할 수 있다.

물론 우리는 이 다섯 가지 운의 일부는 타고났지만, 일부는 타고나지 않았다. 원칙적으로 다섯 가지 운은 음과 양으로 나뉘는데 이

10개의 기운(5×2=10)은 사주팔자 여덟 그릇 안에 품기에는 2개가 넘치기 때문이다. 따라서 10개의 기운을 모두 가지고 타고난 사람은 없다. 그렇기에 내게 없는 운은 내 마음가짐으로 만들어내야 한다. 그런 운이 있는 환경으로 나를 옮기는 것도 방법이다. 늘 의식하고 그런 운이 내 안에 있다고 자기암시를 하면 없던 운도 어느 정도 만들어진다. 나에게 부족한 부분을 보충해주는 사람과 일하는 것도 환경을 바꾸는 것이다.

반대로 어떤 운이 너무 많으면 마음속으로 그런 성향을 자제하고 덜 드러내도록 조심해야 한다. 넘치는 것은 없느니만 못하다. 보통 사주 여덟 글자 안에 3개 이상 같은 운이 있으면 많다고 보면 된다(개인 사주의 운을 보는 법은 2장에서 다룬다).

혹시 독자들 중에서 '사주를 보고 나서 개별적으로 가이드를 줘야지 일반론을 공부해서 뭐하나?'라고 생각하는 분이 있을 수 있다. 그러나 돈이 들어오고 나가는 전체 구조를 파악하지 않으면 돈과 관련된 나의 장·단점을 정확히 알 수 없고, 알아도 그 깨달음이 오래가지 않는다. 돈이 여러 기운의 인과관계로 형성된다는 사실을 깨달았다고 해도 실천은 더욱 힘들다. 그래서 개인별 사주를 이해한 뒤에 자신에게 필요한 기운이 무엇인지 정확히 알고 그 기운을 불러일으키기 위해서 2장에서는 이론을 공부하고, 3장에서 관련 사례를 더 살펴볼 것이다.

지금 설명하는 다섯 가지 운 영역의 개념을 우선적으로 이해해야 자신에게 필요한 기운을 알고 그 기운을 마음에 품는 준비를 할 수 있다.

[부를 가져오는 다섯 가지 운 영역]

|  | 명칭 | 개념 | 재운과 관련된 예시 |
|---|---|---|---|
| 1 | 관성 | 나를 통제하는 운 | 리스크 관리 능력,<br>정책과 제도 등 제약요인 |
| 2 | 인성 | 나를 돕는 운 | 재테크 공부, 투자분야 지식 |
| 3 | 비겁 | 상호 간에 돕는 운 | 정보 제공자, 조언자, 때로는 경쟁자 |
| 4 | 식상 | 내가 돕는 운 | 사업 및 직장 등 현금을 창출하는<br>실행 과정 |
| 5 | 재성 | 내가 통제하는 운 | 현금, 부동산, 주식 등의 자산 목표 |

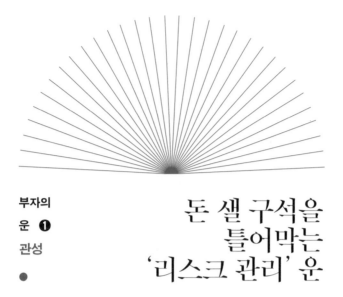

# 돈 샐 구석을 틀어막는 '리스크 관리' 운

관성은 나를 통제하는 기운이다. 재테크에서는 리스크 관리에 속한다. 리스크 관리가 왜 처음으로 등장하는 것인가 궁금해하는 분들도 있을 것이다. 그러나 돈을 버는 것 못지않게 애써 모은 돈이 도망가지 않도록 문단속을 하는 일은 매우 중요하다.

남다른 아이디어로 스타트업 기업을 창업해 대박이 난 A씨의 통장이 비는 데까지 걸린 시간은 1년 남짓이었다. 그는 스타트업 창업 후에 회사를 매각하여 100억 원의 재산을 30대 나이에 벌었다. 문제는 주변 지인들이었다. 친하게 형님, 아우로 지내는 사장님들은 재산이 1,000억대에 달하는 부자였다. 어느 날 A씨는 모임에 갔다가 좋은 아이템이 있다며 100억 원씩 투자하자는 제안을 받았다. 그 돈은 그들에게는 자산의 10%에 불과했지만 A씨에게는 전부였다. 하지만 투자 아이템이 너무 매력적인 데다가 평소 믿었던 사람들이 확신을 가지고 투자하는 모습을 보니 인생의 두 번째 기회 같았다. 친한 사람들이 투자하는 데 빠지기 싫은 마음도 컸다.

물론 처음부터 전 재산을 넣지는 않았다. 그러나 사업이 잘 진행되는 것 같아 점차 투자액을 늘렸고, 결국 재산의 대부분을 투자하게 되었다. 2년여가 흐른 뒤 안타깝게도 투자한 사업은 사라졌다. 그 뒤로도 주변 지인들은 여전히 부자로 남았지만 A씨의 손에는 아무것도 남지 않았다.

## 부자 준비는 리스크 관리에서 시작된다

젊은 나이에 고급스러운 생활을 경험하며 여유 있게 살던 A씨는 다시 맨바닥에서 시작하려니 용기가 나지 않았고, 우울증 증세까지 보인다는 이야기가 돌고 있다. 그 후의 이야기는 들려오지 않았다. 아마 재기하기 힘들 것이라는 것이 업계의 후문이다.

이처럼 100억대 부자도 한순간에 재산을 잃을 수 있는 것이 인생이다. 상식적으로 어떻게 그렇게 무모한 투자를 할 수 있느냐고도 생각되지만 사람이 일을 당하려면 눈에 뭐가 씐다. 그렇기에 리스크 관리부터 배워야 부자 준비가 시작된다.

[회복 불가 하한선 아래로 내려가지 말자]

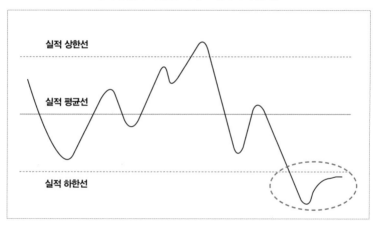

위의 그림을 보면 사실 실적 상한선은 의미가 없다. 내가 목표한 실적의 최대치 이상을 넘기는 일은 좋은 일이지만 어차피 벌고 잃다 보면 평균이 더 중요하다. 정말 중요한 것은 실적 하한선으로 내려가지 않는 것이다. 어떤 수준 이하로 실적이 내려가면 인생의 재무제표는 회복 불가능할 수 있기 때문이다. 대기업은 한두 해 실적이 떨어져도 버틸 수 있지만 중소기업은 도산하기 쉬운 것을 생각하면 이해가 쉽다. 우리는 중소기업도 아닌 개인임을 생각하면 하한선이 더욱 중요하다. 간혹 기적적인 회복을 보이는 의지의 경영자나 개인도 있지만 매우 적은 수다. 목표를 상회하는 것보다 더 중요한 것이 바닥을 치지 않는 것이다. 사주명리의 '관성운'은 우리가 인생의 최저점을 만나지 않게 돕는 기운이다.

A씨의 예가 액수가 커서 감이 안 오면 아파트 갭(gap) 투자를 생각해보자. DTI(Debt to Income, 총부채상환비율)는 주택가격 대비 대출가능 상한선이다. DTI가 60%이던 시절에는 10억 원 아파트를 구매할 때 아파트 담보로 6억 원을 대출하고, 나머지 4억 원의 상당 부분은 전세로 충당하면 적은 투자로도 아파트를 살 수 있었다. 물론 여기서의 가정은 집값이 반드시 오를 것이고, 만일 오르지 않는다 해도 아파트 매도가 쉬운 상황을 전제로 한다.

그러나 정부 정책의 강화로 DTI가 크게 축소되고 금리가 오르는 상황이라면 이야기가 달라진다. 게다가 부동산 시장이 침체되어 거래가 활발하지 않다면 어떻게 될까? 자산이 많지 않은 개인은 모든 투자에서 리스크를 면밀히 검토하는 것이 상식이다. 물론 향후 2~3년의 사주에서 재운이 매우 좋으면 투자해도 되지 않겠느냐고 물을 수도 있다. 사주 분석을 했는데 정말 재운이 좋으면 남들이 꺼리는 투자에서 혼자만 돈을 버는 경우도 있다. 그런데 그렇게 돈을 번 사람들은 횡재한 습관이 남아서 나중에 운이 내려오는 시기에는 어떤 계기로든 손해를 보는 경우도 많으니 부러워할 필요가 없다.

그래서 사주를 공부하면 할수록, 상담 경험이 늘어날수록 개인의 운도 중요하지만 세상이 움직이는 원리, 돈이 움직이는 기본을 강조하게 된다. 특히 부동산 정책이나 금융 제도와 같이 나의 투자 활동에 영향을 주는 외부요인들은 나의 활동을 통제하는 것들이므로 '관성'의 요인이다. 나라에서 정한 정책과 금융환경을 고려하지 않는 투자는 위험하다. 사주 관점으로는 관성의 통제를 받지 않겠다는 이야기다. 관성의 통제를 거부한 사람은 인생의 최저점을 만나기 쉽다는 사실을 기억하기 바란다.

# 마음의 빈틈부터 막아라

다시 강조하지만 사주명리에서는 관성을 리스크 관리의 운으로 보고 부자가 되는 길에서 꼭 필요한 것으로 간주한다. 자신을 스스로 통제하는 운을 타고난 사람은 성격상 리스크 관리가 편하다. 그러나 타고나지 않았다면 스스로 나를 통제하는 마음가짐을 가지고, 나아가 주변의 조언을 간섭으로 생각하지 않아야 관성운을 비로소 확보할 수 있다.

앞의 A씨 역시 주변 지인들의 제안을 받았을 때 분명 주저했을 것이다. 그것은 관성운이 아니라 인간의 본능이다. 위험을 감지한 동물이 본능적으로 느끼는 주저함이다. 이때 관성을 타고나지 않았더라도 스스로 관성의 마음가짐을 갖는 훈련을 했다면 어땠을까? 우선 자신에게 물어봤을 것이다. 아무리 좋은 기회라도 자산 대부분을 투자하는 것은 어떤 재무 전문가도 말리는 일이다. 투자의 상식을 자신이 어기고 있다는 생각이 들었다면 아무리 인맥이 소원해지고, 순간 창피하더라도 그 자리에서 빠졌을 것이다. 만일 외부에 자문을 하고 자신에게 쓴소리를 하는 그룹을 만들어두었으면 어땠을까? 대부분 말렸을 것이다. 아무리 투자가 성공할 전망이 높아도 누구에게는 자산의 일부 투자이지만 누구에게는 전재산을 건 도박이 된다.

관성의 기운은 이러한 극단적 상황을 피하게 돕는다. 우리가 인생의 최저점에 떨어지는 것을 방지해주는 고마운 운이다. 단, 관성운이 사주에 너무 많을 때는 재물 관련 송사가 있을 수 있으니 돈을 추구하는 과정에서 다른 사람에게 본의 아니게 피해를 주거나, 억울한 구설수에 빠질 수 있음을 조심해야 한다.

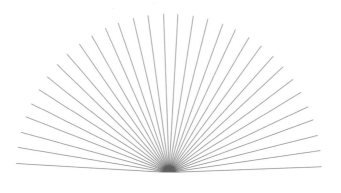

부자의
운 ❷
인성

●

# 오를 곳만 보이는
# '돈 공부' 운

앞에서 인성은 삶에서 나에게 도움을 주는 사람이나 자격증, 문서, 그리고 학습의 운으로 소개했다. 나에게 좋은 투자 정보를 주거나 투자를 해주는 귀인貴人도 인성으로 볼 수 있다. 정인正印을 일반적인 공부, 안정적인 부동산으로, 편인偏印을 독특한 신기술이나 특수 부동산으로 보기도 하나 상담을 해보면 재테크 과정에서 큰 차이가 없는 경우도 많다. 인성의 의미들 중에 강조하고 싶은 것은 '부자가 되기 위한 끊임없는 학습'이다.

100세 인생이 되면서 평생 공부라는 말이 어색하지 않은 시대가 되었다. 그러나 수명과 상관없이 부자가 되려는 사람은 끊임없이 배워야 하는 시대다. 부동산만 해도 아파트와 상가는 투자 수익 구조가 다르다. 경매는 또 다르다. 주식만 해도 바이오나 머신러닝 같은 산업은 새로 공부해야 한다. 남들이 바이오 주식을 산다고 나도 사면 안 된다. 해외 펀드를 운용하지 않아도 미국의 금리 동향이 우리나라 주식에 영향을 주는 시대다. 비트코인에 관심을 가지게 되면 새로운 경제 개념까지 익혀야 할 정도다.

## 공부로 잠자는 재물복을 깨운 사람

전업 주식투자자 B씨는 유명 증권사에서 10년 동안 실무 경험을 쌓고 프리랜서 투자자로 독립했다. 그의 하루 일과는 인터넷으로 해외 유명 경제신문 3~4개를 한 시간 동안 읽는 것으로 시작한다. 저녁에는 IT나 바이오산업과 관련된 공부 모임에 참석한다. 그래도 궁금한 것은 관심 있는 회사를 탐방해서 질문한다.

그 결과, B씨는 2018년 중하반기의 주식 불황에서도 연간 수익률 두 자리를 지켜냈다. 끊임없이 거시경제 동향과 관심 회사의 산업을 공부한 것이 비결이라고 했다. 그런데 사실 B씨의 사주에는 학습운에 해당하는 인성의 기운이 없다.

B씨를 처음 만난 것은 증권사에 근무할 때였는데 공격적인 투자 패턴으로 유명했다. 분석을 너무 깊이 하다 보면 대박이 안 난다는 생각에 분석적인 투자보다는 리스크에 베팅하는 성향이었다. 좋을 때는 크게 벌고, 잃을 때는 많이 손해 보는 생활이었다. 그런데 퇴사하고 독립하자 손해 볼 때 바닥을 치면 회복이 어렵겠다는 생각이 들었다. 그즈음에 사주 상담을 하게 되었다. 사주에 재물복이 적당히 있었고 실행력도 좋았다. 그러나 인성운이 없었다. 그래서 B씨에게 이렇게 말해주었다.

"살길은 공부, 또 공부하는 것뿐입니다. 공부를 해야 부족한 인성의 기운이 채워져서 재물복이 살아날 수 있어요."

처음에는 답답해했지만 1년 뒤 만난 B씨는 확 바뀌어 있었다.

"하루에 몇 시간씩 투자와 관련된 공부를 1년 내내 하다 보니 이제는 하루라도 경제 공부를 안 하면 잠이 안 오네요."

B씨처럼 노력하면 사주에는 없지만 인성의 기운이 생성된다. 물론 타고난 기운은 아니기에 공부를 중단하면 그 기운도 사라지지만 열심히 하는 동안에는 자신에게 필요한 인성운을 유지할 수 있다.

# 어떤 공부가 힘이 되는가

투자를 위한 지식이 아니라도 사업가나 전문 경영인들 중에는 독서 모임을 하는 리더들이 많다. 이들의 공부는 어떤 학위를 갖기 위함도 아니고 전문 지식을 위한 것도 아니다. 성공을 유지하는 방법 중의 하나가 끊임없는 학습이라는 사실을 본능적으로 알기 때문이다. 사주명리 관점에서 보면 경영자들은 계속 기氣를 밖으로 사용하면서 돈을 벌기에 지속적으로 빠져나간 기를 넣어주어야 한다. 운동을 많이 한 뒤에는 잘 먹고 잘 자야 하듯이, 열심히 일한 뒤에는 부족한 기운을 채워주어야 한다. 책을 읽고 새로운 자극을 받는 것은 그 역할이다.

젊은 나이에 학업을 중단하고 형편상 일찍 생업에 뛰어든 리더들 중에 뒤늦게 공부에 집중하는 사람들이 많다. 사주명리 관점에서는 성공한 뒤의 공부가 재물 측면에서 더 의미가 있다. 원래 젊은 나이에 공부를 많이 하면 그건 학문의 길이지 돈의 길이 아니다. 학자가 안 되어도 자본가들에게 봉사하며 살아가는 중산층의 길이지 부자의 길이 아니다. 물론 10~20대 때 제도권 교육의 경우에 한해서이다. B씨와 같이 사주에 인성이 너무 없는데 전문적인 투자 활동을 하는 과정에서 지식을 쌓는 경우는 '돈'을 목적으로 하는 공부이다. '부자 공부'이지 학문이 아니다.

이 책에서 강조하는 공부는 실용적인 공부, 돈 되는 공부를 말한다. 물론 제도권 공부가 돈을 버는 데 도움이 되는 예외도 있다. 의사나 변호사 등의 라이선스 취득의 경우이다. 국가에서 인정하는 증명서가 나오는 전형적인 인성운을 취득하는 경우로, 이런 공부는 돈 버는 공부다. 그러나 일반적인 사업, 투자의 경우 학문을 통해 돈을 버는 경우는 드물다. 부자에게 경영과 경영학의 차이는 가수에게 음악과 음악학의 차이만큼이나 크다.

물론 인성도 넘치면 좋지 않다. 부동산 이론 공부만 많이 하고 임장(현지 실사를 가는 것)을 하지 않으면 과식하고 운동하지 않는 것과 같다. 뭐든지 균형이 중요하다는 점은 여러 번 강조해도 모자람이 없다.

# 귀인을 만나게 하는
## '인맥' 운

성공하려면 인맥이 넓어야 한다는 이야기를 많이 한다. 부자가 되
는 길도 그렇다. 큰 부자가 아니라 자존자본 확보의 측면에서도 말
이다. 투자를 하려고 할 때 주변에 양질의 투자 정보를 가지고 있
는 지인이 많으면 당연히 유리하다. 이직을 해서 연봉을 높이려 할
때도 업계의 지인들이 도와주면 수월하다. 새로운 사업을 해도 먼
저 경험한 사람들의 교훈은 돈 주고도 살 수 없다. 이런 인맥들을
사주에서는 '비겁'의 기운이라고 한다.

앞서 이야기했지만 비겁의 '비'比는 '비견'比肩이라고 해서 어깨를 견주는 대등한 관계, 즉 친구나 동료를 뜻한다. 많은 사람이 진정한 친구를 어려울 때 도움을 주고받는 사이라고 알고 있다. 그러나 사주에서 이야기하는 친구의 도움은 어려울 때 내가 기댈 어깨가 되어주고 용기를 주는 것이지 돈을 꿔주는 것이 아니다.

대자연의 법칙에서 좋은 친구란 물질적인 도움을 주고받는 사람이 아니고, 옆에서 다시 일어설 용기를 주는 이다. 어려울 때 사람을 소개해주고 정보를 주는 것이 친구가 해줄 수 있는 일이다. 그러나 금전적 도움을 받는 순간 상하 관계가 성립되어 더 이상 어깨를 대등하게 하는 친구 관계가 될 수 없다.

사실 친구와 동료의 범위도 내 수준에 맞게 사회적으로 정해진다. 그러나 현재의 지인 관계만으로 돈 버는 데 도움이 안 된다면, 일단 자신과 경제 수준이 비슷하지만 부자가 되고 싶은 사람들의 모임에 나가는 것부터 시작해야 한다. 내가 평범하면 부자들이 그 모임에 끼워주지 않지만 그렇다고 가만히 있을 일은 아니다. 공부를 통해 받는 기운과 주변 사람을 통해 받는 기운은 다른 것이고, 둘 다 부자가 되는 길에 필요하다. 다행히 요즘은 인터넷을 통해 예전보다 투자 동호인 모임을 찾는 것이 쉬워졌고, 경력 전환을 모색하는 사람들 간의 모임에도 쉽게 가입할 수 있다.

# 사람을 기회로 만드는 방법

C씨는 5개 정도의 스타트업 기업에 투자한 후 초기 정착을 위한 컨설팅 서비스(인큐베이션)까지 하는 사업가이다. 그가 사업을 확장하고 자금을 조달하는 방식은 전적으로 공부 모임을 통해 이루어진다. 원래 전통적인 제조업 부문에서 20년 이상 사업을 하고 있었는데 4~5년 전부터 산업이 사양세로 돌아섰다.

그도 원래 사주에 비겁이 없다 보니 남의 이야기를 듣지 않고 혼자 세상을 개척하는 성격이었다. 그러나 신규 사업을 벌이다 보니 무엇을 해야 할지 잘 모르는 경우가 많았다. 그에게 이렇게 조언했다.

"사업에 성공한 여러 사람들을 만나보시면 어떨까요? 특히 주기적으로 모임에 참석하는 게 효과적입니다. 타고난 비겁운은 없지만, 격주로라도 다른 경영진들과 만나 간단한 경제 공부 모임이라도 가지면 새로운 기운을 받을 수 있을 겁니다."

없는 운도 정기적으로 몇 년을 노력하다 보면 그 기간 동안 나에게 그 운이 감돌게 된다. 결국 C씨의 현재 사업 대부분이 그 모임을 통해 아이디어를 얻거나 추천받은 사업이다. 최근에는 모임을 통해 투자받는 일도 많아졌다.

명리에서 남이 먼저 다가와 투자를 하겠다는 것은 상하 관계가 생기는 부채 관계와는 다르다. 따라서 친구나 동료에게 투자받는 다 해도 서로 대등한 '비견'의 관계는 유지된다.

그런데 비견은 그렇다 쳐도 '겁재'劫財는 어떻게 이해할 것인지 궁금할 것이다. 겁재는 나와 동등한 입장의 기운이지만 나에게 우호적이기보다 나와 같은 목적을 노리는 기운이다. 물론 겁재는 나의 경쟁자로 볼 수도 있지만 적과의 동침, 오월동주吳越同舟와 같은 말에서도 볼 수 있듯이 목적을 이루는 과정에서 강한 경쟁자와 뛰어야 기록이 좋아지는 마라톤과 같은 상황을 가리킨다.

사주에 겁재가 하나도 없는 사람은 가끔이라도 동종 업계의 모임에 나갈 필요가 있다. 사실 그 자리에서 자기 속내를 모두 드러내놓고 이야기하지는 않는다. 그렇지만 서로에게 공통의 이익이 되는 정보가 오가기도 하며, 각자의 현황을 살피며 건전한 긴장감을 얻는다.

겁재가 사주에 너무 많으면 경쟁자로부터 내 재산을 빼앗길 수도 있지만 아예 없어도 경쟁에 대한 긴장감이 없다. 비견은 무조건 친구이고, 겁재는 무조건 적이라는 생각을 하지 않아야 한다. 비견이건 겁재이건 동등한 입장의 존재이며 나의 다른 얼굴이다. 다만 약간의 온도차가 그 기운에 있을 뿐이다.

# 재물을 주는 사람, 뺏어가는 사람

사업을 하는 D씨의 경우에는 사주에 겁재가 3개나 있었다. 이전에 친구에게 사기를 맞은 적도 있다고 했다. 그러나 지금은 그 누구도 믿지 않고 자신만 믿으며 사업을 하기 때문에 적당한 정도의 부를 이루는 데 만족한다고 했다. 이처럼 겁재가 너무 많으면 주변에서 내 재물을 노리는 일이 비일비재하다.

D씨처럼 건전한 긴장감으로 다른 사람이 내 재물을 가져갈 기회를 주지 않는 방법도 운의 한 가지 대안이다. 그러나 사업을 확장하다 보면 주변에 여러 사람들이 모이게 마련이다. 누가 친구이고 누가 사기꾼인지 알기 어렵다. 그럴 때는 앞서 설명한 '관성'의 마음을 가져야 한다.

관성은 리스크를 관리하는 마음이다. 겁재는 나와 동등한 기운이기 때문에 관성은 나에게 리스크를 관리하는 마음을 주는 동시에 나와 오행이 같은 겁재를 견제하기도 한다. 그러나 아주 독하게 마음공부할 자신이 없으면 사업의 규모가 작더라도 겁재가 내 재물을 노리지 못하도록 안정적으로 운영하는 D씨의 방법이 현명할 것이다.

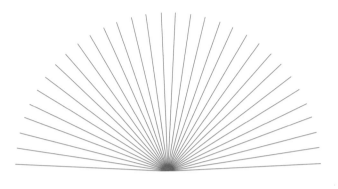

# 손대는 것마다
# 성공하는
# '실행력' 운

돈을 버는 사람에게 실행력만큼 중요한 것이 있을까? 명리에서 보는 실행력은 직접 사업을 해서 돈을 버는 능력이나 직장에서 성실히 일하는 능력을 모두 포함한다.

사업은 노력을 통해 제품이나 서비스를 만들어 그것을 고객에게 제공하고 돈을 버는 일이다. 명리에서는 제품이나 서비스를 만들어내는 중간 과정을 실행력으로 정의한다. 물론 부동산이나 증권 투자에도 실행력이 필요하지만 '투자'는 돈이 돈을 낳는 것을 본질로 보고, '사업'과 달리 돈을 버는 중간 과정이 없다고 본다. 따라서 사업의 실행력을 뜻하는 식상食傷운을 논할 때는 투자가 아닌, 일반 사업을 하거나 직장인이 열심히 일하는 기운에 대한 것이다.

사실 자존자본 확보를 목표로 하는 자체가 금수저로 태어나지 않았다는 것이다. 그러면 전업 투자자의 길을 가는 경우보다는 직장을 다니거나 자영업을 영위하는 경우가 다수일 것이다. 식상의 기운이 중요한 점이 바로 여기 있다. 투자도, 저축도 어느 정도 현금 흐름이 담보될 때 안정적으로 할 수 있다. 자존자본을 축적하는 방법으로 일확천금을 제시할 생각은 없다. 아주 특별한 사주가 아니면 비현실적이기 때문이다.

따라서 사주에 식상운이 부족한 사람은 자신이 한 우물을 파는 끈기를 가졌는지, 과정이 어렵다고 힘을 내지 못하고 중간에 포기하는 일은 없는지를 늘 반성해야 한다. 식상운이 없는 사람은 직장을 다닐 때 약간 어려운 일도 참지 못하고 이직을 자주 하는 경우도 많다. 특히 한 가지 일을 꾸준히 하는 식신食神운이 없을 때 더욱 그렇다. 상관傷官운이 없는 경우에는 식신운만 잘 발달되어 있으면 큰 걱정은 없다.

다만 식상운이 전혀 없다면 과정 자체를 감내할 기운이 없다 보니 남들에게는 약간 힘든 일이 본인에게는 말도 안 되는 상황으로 인식된다. 경력의 업그레이드를 위한 이직이 아니라 불만으로 이직하는 일이 잦으면 식상운이 없는 것은 아닌지 돌아볼 일이다. 중요한 것은 현금 흐름이 확보되어야 뭐라도 할 수 있다는 점이다. 물론 식상운이 너무 많으면 일만 벌이고 성과가 적거나, 과도한 업무 속에서 건강을 해칠 수도 있으니 활동의 반경을 좁히는 우선순위 선정이 중요하다.

## 왜 이렇게 회사 가기가 싫을까

E씨는 회사에 대한 고민 때문에 사주 상담을 청해왔다.

"매일 밤 내일 출근할 생각만 하면 잠이 안 옵니다. 사실 업무도 적성에 맞지 않는 것 같고, 연봉이나 평가 기준, 인센티브 등 회사에서 제시하는 모든 것들이 불합리하게 느껴져서 매일 화가 나요."

E씨는 사주에 식상의 기운이 없고 비겁이 너무 많아 사업할 팔자도 되지 못했다. 결국 직장생활을 해야 했는데 2~3년에 한 번씩 이직을 했다. 그러다가 30대 후반에 사주 상담을 받고서야 남들은 다 참고 지내는 일을 참지 못해 쉽게 이직했다는 사실을 깨달았다. 실행력의 중요한 요소가 목표를 이룰 때까지 버티는 힘인데 말이다.

그에게 이렇게 조언했다.

"그 원인은 식상의 기운이 없어서입니다. 없는 식상의 기운을 이렇게 키워보시죠."

설명을 곰곰이 듣던 그는 자신에게 없는 식상의 기운을 불러일으키는 방법들을 실천했다. 책의 후반부에서 다룰 '운을 만들어내는 법'의 예를 미리 이야기하는 것인데, E씨는 '회사에서 나가라고 할 때까지 사표 안 쓸 것', '정말 이직을 한다면 외부에서 스카우트 제의가 오고 연봉이 크게 오를 때만 옮길 것', '내부적으로 불만스러운 일이 있더라도 상대가 왜 그러는지 궁금해하지 않을 것' 등 자신만의 원칙을 만들고 지켰다.

한마디로 자기 발로는 회사에서 나가지 않겠다는 것이며 해고에 대한 막연한 두려움이나 상사에 대한 불만으로 이직하지 않겠다는 결심이었다. 그 후에 그는 임원까지 승진을 했다. 물론 그의 사주로 사장이나 부사장의 자리까지 올라가기는 힘들겠지만 부장으로 끝날 팔자가 임원이 되었으니 나름 운명을 개척한 것이라 할 수 있다.

사실 승진 그 자체보다 연봉이 억대로 뛰었기에 꾸준히 들어오는 현금의 폭 자체가 차원이 다르게 커졌다는 점이 자존자본 관점에서 중요하다.

# 한 가지 일에 집중하지 못한다면

사업을 하는 F씨는 사주에 실행력을 뜻하는 식상이 너무 많아서 문제가 된 경우이다. 사주명리는 과유불급을 지지하는 이론이다. 없어도 문제지만 넘쳐도 덜어내거나 눌러주어야 한다고 본다.

그는 한 가지 일에 집중을 못하고 이것저것 관심사가 넘치다 보니 여러 사업을 벌이기만 했지 어떤 일도 잘 마무리하지 못했다. 간혹 팔방미인 사주라고 해서 여러 일을 한번에 잘하는 멀티태스킹(multitasking) 팔자도 있지만 흔치 않다. 사주 상담을 받고 사업을 줄인다고 약속했지만 이후에도 한 분야에 집중하지 못했다. 팔자에 큰 돈복도 없으니 크게 마음을 바꾸기 전에는 자존자본조차 확보하기 어려울 것으로 보여 안타까웠다.

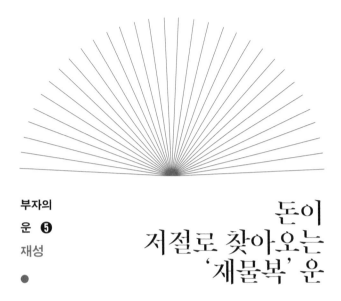

부자의

운 **❺**

재성

●

돈이
저절로 찾아오는
'재물복' 운

사실 재성財星은 말 그대로 '돈복'을 뜻한다. 한마디로 팔자에 돈이 있느냐를 말한다. 그런데 이것은 타고나지 않으면 어떻게 해결해야 할지 감을 잡기 어려워 보인다. 인성이 없으면 공부를 한다거나, 식상이 부족하면 끈기를 가지고 실행력을 높이고, 비겁이 없으면 모임에 나간다든가 뭔가 없는 운을 불러일으킬 방법은 알겠는데, 팔자에 없는 돈복을 어떻게 만들어야 할까?

그러나 사주에 재성이 없는 사람들 중에서도 부자가 된 사람들은 분명히 있다. 이들의 공통점은 돈을 벌고야 말겠다는 명확한 목표의식이 있었다는 것이다. 집착이라 할 만큼, 집요할 정도로 원해야 없는 운을 만들 수 있는 것이다. 물론 어른들 말씀에 사람이 돈 좇아가면 안 되고 돈이 사람을 좇아야 한다는 말을 부정하지 않는다. 그 말과 돈에 대한 집요함은 다르다. 돈을 좇는다는 말은 자신을 절제하지 않고, 자신을 돌아보지 않는다는 뜻이다. 리스크 관리 없이, 공부 없이, 주변을 돌아보지 않고 덤비는 사람은 돈에 집요한 사람이 아니다.

재성이 너무 많은 경우 목표의식이 분산되어 돈을 좇다 실패하는 경우가 종종 발견되니 이 점을 유의해야 한다. 재성의 기운을 사주에 적절히 불어넣으면 개별 사안에 일희일비하지 않고 나와 내 가족에 필요한 자산을 확보할 때까지 자발적 동기부여를 멈추지 않는 사람이 되며 이런 특징은 후천적 부자 대부분에게서 발견되었다.


## 없는 돈복을 만들어낸 사람


40대 초반의 G씨는 사주에 재성운이 없었다. 그러나 현재 서울 시내에 10억대 시세의 아파트 한 채와 월세가 나오는 오피스텔 두

채를 보유하고 있다. 자산 20억 원. 월급 이외의 월 소득 400만 원이 그의 목표이다.

"현재 오피스텔에서는 월세가 한 달에 140만 원 정도만 나옵니다. 그렇기 때문에 아직 목적을 완전히 달성하지는 못했어요."

그러나 사실 그의 사주에는 그 정도의 돈복도 없어 보였다.

인생의 전환점이 된 것은 직장에서 구조조정을 당해 소득이 일시적으로 없었을 때였다. 돈에 대해서 그 어느 때보다 간절함을 느꼈던 시기였다. 그 이후부터는 직장생활을 보람의 대상으로 삼기보다는 자존자본을 확보할 때까지의 현금 창구로 냉정하게 정의했다. 그리고 2~3년에 한 번씩 부동산 포트폴리오를 점검했다. 오피스텔도 월세가 걷히지 않을 것 같은 조짐이 몇 달 동안 지속되면 갈아타기도 했다.

G씨는 투자 공부를 많이 하거나, 부동산 모임에 열심히 나가지는 않는다. 그렇지만 머릿속에는 일정한 수준의 돈을 버는 그날까지 지속적으로 재무 상태를 점검하고 몇 년 단위로 자산과 월 투자 수익이 적게라도 느는 것을 목표로 했다. 팔자로만 보면 재물복이 큰 사주는 아니지만 어떤 인생의 계기를 각성의 기회로 삼아 어려운 경기에서 부자의 길로 한걸음 더 다가간 것이다.

물론 팔자에 엄청난 재복을 타고나거나 특정 시기의 운이 하늘이 돕는 정도로 좋은 경우도 있기는 하다. 그러나 그런 경험을 하는 사람의 빈도는 매우 적다. 특히 재성은 다른 기운과 달라서 내가 돈을 만들어낼 수도 없다. 그럴수록 중요한 점은 내게 언제나 돈의 기운이 넘치고 있다는 생각으로 마음을 채우는 것이다. 그렇게 살다 보면 언젠가 돈이 나를 따라올 때가 분명 있다. 큰 부자는 아니더라도 내 가족 여유 있게 먹고살 정도의 부자는 될 수 있다는 믿음을 잃는 순간 만들 수 있던 운도 도망간다는 사실을 명심해야 한다.

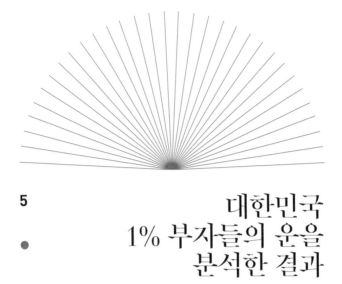

**5**

# 대한민국
# 1% 부자들의 운을
# 분석한 결과

부자의 운이란 관성, 인성, 비겁, 식상, 재성의 다섯 가지 기운이 고르게 나를 감쌀 때 비로소 성립되는 것이다. 그러나 모든 사람이 완벽한 기운의 조합을 가질 수 없기에 부족한 운은 마음속으로 내가 만들어가야 하고, 많아서 넘치는 부분은 의식적으로 그 기운을 줄이는 마음가짐이 필요하다. 여기까지가 자존자본을 확립하기에 충분한 수준이다. 그런데 금융권에서 인정하는 50억 또는 100억원 이상의 큰 부자가 되려면 한 단계 더 나아가야 한다.

다섯 가지 기운 중에 한두 가지 핵심 기운을 남보다 월등한 강점으로 가져가야 한다. 사주명리에서는 한두 핵심 기운을 강점으로 타고난 사람이 열심히 노력하면 부자가 될 확률이 큰 반면, 뚜렷한 강점이 없는 사람은 자존자본 확립 이상으로 부자가 되기는 어렵다고 본다.

사주에서 큰 부자는 운명적 요소가 강하다고 본다. 그래서 이 책은 큰 재운을 타고나지 않았더라도 노력으로 가능한 수준인 자존자본을 확립할 수 있도록 하려는 목적에서 썼다. 자존자본이 최종 목적인 독자라면 바로 2장으로 넘어가도 된다. 그러나 사주는 확률적으로 유의미한 것이기에 소수의 통계적 예외가 존재하지 않는다고 장담할 수 없다. 따라서 타고난 운명과 상관없이 큰 부자를 꿈꾸는 독자들이 있을 것으로 예상하며 다섯 가지 기운의 일부를 강력한 무기로 사용하여 '타고난 돈 그릇을 넓히는 방법'에 대해 소개해보기로 한다.

방법의 개요는 사주 자체에 강점을 타고난 사람의 특징을 연구하고 그들처럼 생각하고 행동하는 것이다. 한마디로 타고난 돈 그릇을 키우는 것이다. 그러나 타고난 그릇을 과하게 키우면 부작용이 생길 수 있다. 돈은 크게 벌었는데 가족 간의 화합이 손상되거나 건강을 잃는 것이 대표적인 예이다. 운을 대대적으로 바꾸려는 시도는 적당한 정도로 할 것을 권유하고 싶다.

특별한 사주 구성을 제외하고는 나에게 너무 많거나, 없는 것은 균형을 맞추는 방향으로 노력하고, 강점으로는 사용하지 않는 편이 좋다. 과다, 과소라는 것이 사실 약점인 부분이며 이를 보완하는 일은 물론 필요하지만, 큰 성공은 약점을 보완해서가 아니라 강점을 강화하는 것에서 이루어진다. 결국 큰 부자가 되려면 나와 인연이 많은 기운 중에 1~2개를 나의 강점 후보로 삼고 이것을 극대화해야 한다. 개인의 강점 후보가 될 수 있는 기운은 2장의 '내 사주, 이렇게 확인하라(120페이지 참조)'에 따라 자신의 생년월일시를 여덟 글자의 사주로 바꾸고, '내게 좋은 기운을 찾는 방법(127페이지 참조)'을 통해 찾을 수 있다. 여기서는 다섯 가지 운 각각을 강점으로 타고난 사람들에게서 관찰되는 특징을 소개하려 한다. 그 기운을 잘 활용해 부자가 된 사람을 이해해야 돈을 버는 운의 구조를 종합적으로 파악할 수 있고, 어떻게 따라 해야 하는지에 대한 자신만의 통찰을 얻을 수 있다.

## '관성'을 강점으로 삼은 부자
## – 득도 경지의 인내심

관官이란 나를 통제하는 기운이다. 나의 본능을 누를 수 있는 인내심이 높은 수준에 다다른 사람만이 관성을 강점으로 삼을 수 있다. 고연봉자 또는 공공기관이나 대기업에 제품을 납품하는 사업가 등은 큰 조직을 등에 업고 살아간다. 만일 현재 직장에서 고위 임원이 되면 수억 원의 연봉이 가능하거나, 내가 운영하는 제품이나 서비스를 큰 조직에 장기 납품할 수 있다면 관성운을 활용해 부자가 되는 것을 노려볼 수 있다. 그리고 큰 조직 안에 있든, 큰 조직을 위해 일하든 조직과 함께 성공하는 핵심은 '인내심'이다.

15년 전 유명 대기업의 비서실장 및 계열사 부사장까지 지낸 분을 만난 적이 있다. 회사원으로 그 정도 성공했으면 이미 연봉만으로도 꽤 많은 돈을 모았을 것이다. 여기에 약간의 재테크를 겸비했다면 50억 원 가까이는 자산이 있을 테니 부자라고 할 수 있다. 직장생활을 하면서 이 정도의 연봉까지 이른 비결은 무엇이었을까?

"30년 직장생활한 데는 대단한 비결은 없습니다. 오래, 잘 '버텼던' 거죠."

당시 필자는 사회경험이 적었기에 버티는 것이 엄청난 성공의 원칙인 줄 몰랐다. 오히려 리더십이 없고 책임을 회피하는 것이 아닌가 오해도 했다. 그에게 따지고 싶었으나 당시 연배 차이가 너무 커서 더 묻지 못했다.

자연의 법칙에 근거한 사주명리 관점으로 보니 그 말이 이제는 이해된다. 대자연에는 선과 악이 없다. 나라는 존재와 주변이라는 환경만 있을 뿐이다. 비가 오고 눈이 오면 처마 밑에 피해 있어야 생존하는 것이 대자연 속의 인간이다. 관성운을 극도로 활용하려면 주변의 강한 기운을 거부하지 말고 받아들이면서 생존해야 한다. 회사의 상사에게, 고객에게 '왜'냐고 묻지 말아야 한다. 그들은 왜 저럴까라고 생각하는 순간 나를 누르는 강한 힘을 받아들이지 못하고 배척하게 된다. 그들은 사람이 아니라 그저 내 주변의 나무요, 풀이라는 수준의 인식을 가져야 한다. 그리고 묵묵히 버텨야 한다.

　사주에 관성운이 잘 발달된 사람들도 물론 힘든 상황에 놓일 수 있다. 그러나 그 상황을 바라보는 마음은 이 또한 지나가리라 하는 생각으로 버티는 마음이다. 만일 내 사주에 관성운이 발달되지 않았다면 자기 기준의 불합리한 상황에서 버티기 힘들 것이다. 그러나 없는 관성운을 만들고, 그 기운을 극대화하여 부자가 되는 수준까지 가고 싶다면 득도의 수준까지 갈 각오를 해야 한다. 상대방이 법을 어기는 수준이 아니라면 주변 사람의 모든 행동은 이해될 수 있어야 한다. 동의하지 않을 수는 있지만 이해해야 한다. 이것이 어려우면 관성운으로 큰 부자가 되기는 어렵다.

# '인성'을 강점으로 삼은 부자
## – 늘 자신을 낮추는 마음

앞서 인성을 '학습'의 운으로 설명했다. 인성이 없는 사람은 늘 배우는 마음을 가져서 균형을 맞추라고 했다. 그런데 자존자본 확립 수준이 아니라 인성운으로 큰 부자가 되려면 학습의 마음 수준을 넘어 늘 겸손한 마음으로 자신을 돌아보고, 언제나 부족한 마음을 가지는 수준까지 낮아져야 한다. 새로운 지식을 끊임없이 배우는 것이 자존자본 확보를 위한 인성 사용법이라면, 인성을 강점으로 부자가 되려는 사람은 지식뿐 아니라 다른 사람에게서, 내가 만나는 모든 것에서 깨달음을 얻고자 하는 가난한 마음이 있어야 한다.

수십 년을 외길 인생을 걸어온 장인들은 심지어 다른 사람의 수준을 기준으로 삼지 않는다. 보이지 않는 경지를 설정하고 늘 자신을 부족하게 여기며 아는 것도 반복하고 모르는 것도 배운다.

그런 면에서 여러 번 창업에 성공한 사업가 H씨는 타고난 인성을 강점으로 삼은 대표적인 예이다. 그는 태어난 시時에 인성이 잘 발달되어 있었다. 그러나 지금도 늘 새로운 정보라면 앞서 배우는 것에 그치지 않고, 자신보다 식견이 뛰어난 사람이라면 삼고초려를 해서 모시고 배운다. 돈은 이미 수백억 원 있다 보니 쉴 만도 한

데, 세상의 새로운 변화를 앞서 배우고 싶은 것이 사업의 목적이라고 한다. 자신이 아는 지식과 지혜는 언제라도 버릴 준비가 되어 있다. 물론 그는 타고난 인성운의 덕을 본 것이다. 그러나 우리가 인성의 기운으로 큰돈을 벌고 싶으면 지식을 늘리는 수준이 아니라 자신을 비우는 H씨의 마음가짐을 평생 가져가야 한다.

## '비겁'을 강점으로 삼은 부자
## – 군중 속 고독의 인간관계

비겁은 나의 동료도 되고 경쟁자도 된다. 숲속의 나무 하나하나는 무리를 지어 있기에 숲으로의 가치도 있지만 바로 옆의 나무와 비교되기도 하는 원리다. 사주의 비견을 강점으로 사용하여 큰 부자가 된 사람들은 동업자, 투자자들과 잘 협력하여 성공을 이룬다. 물론 함께했기에 수익을 나누어야 하는 부분도 있다. 그러나 이들은 전체 성과를 키워서 자기 몫을 크게 만든다.

여기서 그들의 공통점은 '사람보다 상황을 믿는다'는 점이다. 인간을 신뢰하지 않는다는 것이 아니다. 상황이 변하면 사람의 행동도 변할 수밖에 없는 점을 이해한다. 한마디로 '먹고살다 보니 그럴 수밖에 없다'는 것이다. 사실 대자연의 법칙에서는 당연하다.

동물들이 추우면 동굴을 찾고, 따뜻해지면 들판으로 나오는 것과 같다. 비겁을 잘 활용하는 사람들은 겉으로 보기에 동료들과의 의리를 중요하게 생각하지만 서로 이익이 되는 관계를 오랫동안 유지하는 것이 진정한 의리라고 생각한다. 서로에게 이익이 되지 않으면 좋은 친구로 남고 박수칠 때 헤어지는 지혜를 실천한다.

I씨는 여러 사업을 하면서 동업자들 사이에서 평판이 좋은 것으로 유명하다. 그는 비겁운을 잘 활용한 부자였는데 같이하는 사람들이 더 이상 도움이 되지 않을 것이라 판단되면 한 박자 먼저 부드럽게 이별을 고하는 것이 비결이라고 했다. 더 흉해지기 전에 파트너를 바꾸는 것이다. 그리고 자신에게 이익이 될 사람을 빨리 구한다. 이것을 '사람을 쓰고 버린다'는 것으로 오해하면 안 된다.

I씨는 비즈니스에서 도움이 안 될 사이에 붙잡고 있는 것은 정이나 의리가 아니고 질척거림이라고 했다. 그는 세련된 이별 공식 덕에 사람들의 원망도 사지 않고 새로운 동업자도 쉽게 찾는 평판을 가지게 되었다. 만일 나는 사람이 너무 좋아서 I씨 같은 냉정함은 체질이 아니라고 생각되면 비견운을 극대화하는 것은 만류한다.

# '식상'을 강점으로 삼은 부자
## – 기꺼이 미움받는 용기

식상은 실행력이며 강력한 에너지를 필요로 한다. 내가 사주에 타고난 기운 이상으로 실행력을 가지려면 두 가지 명심해야 할 것이 있다. 하나는 건강 관리이다. 체력이 약한 사람이 야근을 많이 하면 면역이 저하되고 잔병치레가 늘며, 때로는 중병에 걸린다. 잘 먹고, 잘 쉬며, 잘 운동하기를 습관화할 수 있어야 나의 체력보다 좀 더 일해도 문제가 없다.

다른 하나는 남을 신경 쓰지 않는 것이다. 원래 강력한 실행력을 가진 사람들은 일 중심으로 생각하고 결과만을 바라보기에 주변 사람들의 감정에 둔감한 사람들이 많다.

J씨는 대기업 기획파트의 고위 임원인데 늘 새로운 일을 추진하고 동시에 여러 프로젝트를 성공시키기로 유명했다. 그런데 딱 한 가지 남 보기 아쉬운 점은 일 중심으로만 살다 보니 그를 진심으로 좋아하는 동료가 없었던 것이다. 회사 오너는 일을 잘하니 연봉도 많이 주고 승진도 잘 시켜주었지만 회사에서 그는 늘 외롭게 보였다. 재미있는 점은 J씨가 자신이 혼자라는 점에 별로 스트레스를 받지 않는다는 점이었다. 오히려 주변 사람들이 프로 의식

이 없는 점을 안타까워했다. 그리고 자신에게는 사랑하는 가족이 있고 어릴 때부터 친한 선후배들이 있기 때문에 회사에서 친구를 만들지 않은 것이 문제가 되지 않는다고 했다. 그러면서 한마디 덧붙였다.

"회사가 유치원인가요? 친구들과 사이좋게 지내게."

그러나 대부분의 사람들은 내가 사장이건 직원이건 회사 동료들이 나를 좋아하지 않으면 섭섭해한다. 그러면서 다른 사람과의 관계를 배려한다. 사내에서 적을 만들라는 이야기는 아니지만 성과를 내는 과정에서 다른 사람을 먼저 배려해서는 내 회사를 성공시킬 수 없고, 조직에서 최고 연봉 수준에 도달할 수 없다. 남에게 미움을 받더라도 말이다.

식상의 힘으로 성공한 가장 큰 사례는 스티브 잡스(Steve Jobs)이다. 그는 사주 여덟 글자 중에 식신과 상관, 즉 식상이 총 5개였다. 그가 애플에서 여러 갈등을 겪은 이야기는 유명하다. 자신이 데려온 전문 경영자에게 쫓겨나기도 했고, 신제품을 개발하는 과정에서 가까운 직원 중에 그에게 스트레스를 안 받은 직원이 없을 정도였다. 그러나 그는 건강한 갈등(healthy conflict)을 통해 이 세상에 없던 제품들을 만들었다. 물론 그는 개인적으로 건강하지 못해서 만 56세에 세상을 떠났지만 말이다. 식상운은 이렇게 과소비하면 체력적 문제를 가져온다. 이제 우리도 결정할 때이다. 건강 관리를 철저히 하면서 남 눈치를 안 보고, 때로는 옆 사람 마음에 상처를 주면서까지 강력한 업무 에너지를 만들 수 있는가? 필자 본인은 자존자본만 확보하는 것이 목표이기에 적당한 식상운을 추구하며 살고 있다는 것으로 답을 대신한다.

# '재성'을 강점으로 삼은 부자
## – 타고난 부의 크기를 최대치로

마지막으로 재성을 강점으로 삼은 부자를 이야기할 차례이다. 그러나 따로 언급할 필요가 없다. 책의 취지는 자존자본을 확보하는 것이다. 그런 차원에서 재성운이 뛰어난 사람들의 목표집착력을 배워 적당한 수준의 부자가 되는 것은 의미가 있다. 그러나 자존자본 확보보다 더 욕심이 나서 큰 부자들의 재성운을 연구하는 것은 별로 의미가 없다. 팔자에 50억, 100억을 타고난 사람이 아닌데 그 운을 연구해봤자라는 것이다.

오히려 관성, 인성, 비겁, 식상운을 큰 부자의 수준으로 극대화시키다 보면 확률적으로는 적지만 간혹 팔자에 없는 큰 부자가 될 수도 있다. 재성을 강점으로 타고난 사람은 돈 팔자를 타고난 사람이다. 금수저 팔자도 여기에 포함된다. 자수성가의 경우 같은 노력을 해도 결과의 그릇이 남달리 큰 모습이 사주에 보인다. 그것만은 배워서 따라 할 수가 없다. 하지만 너무 아쉬워할 필요는 없다. 큰 돈복을 타고난 사람이 그렇게 많지는 않으니 말이다. 그리고 그런 사람조차 다른 삶의 영역에서 아픔이 있는 경우가 많다. 우리는 우리가 할 수 있는 노력에만 집중할 일이다.

지금까지 사주에서 중요시하는 인생사의 다섯 가지 운 영역을 알아보았고, 이 영역들을 자존자본 확보 관점에서 바라보았다. 자존자본은 나와 내 가족이 자존감을 지킬 수 있는 규모의 돈을 버는 새로운 부자의 개념이다. 물론 50억, 100억 이상의 큰 부자도 존재한다. 그래서 꿈이 더 큰 분들을 위한 방법도 제시했다.

다음 장에서는 간단한 사주명리의 이론을 공부할 것이다. 내 사주의 다섯 가지 운 영역에 대한 간략한 이해와 함께 자신의 재운을 가늠할 수 있도록 도우려 한다. 2장의 이론편 후에는 실제 사업이나 회사에서 성공하여 부자가 된 사람들의 사주를 살펴보고, 그 비결을 알아볼 것이다. 그들의 사주 구성을 통해 얻은 통찰력을 나에게 적용하기 위한 실천 요령은 4, 5장에 소개한다. 이 책을 통해 나와 내 가족을 위한 행복의 자본을 마련하는 운을 열어보자.

# 어떻게 운의 흐름을 읽어
# 부자가 되는가

# 나는 부자의
# 팔자인가

지금까지 부자들의 사주가 가지고 있는 특징들에 대해 알아보았
다. 그러나 여기까지 읽은 독자들은 아마 마음속에 이런 의문이 들
것이다.

'내 운명은 부자가 될 팔자인가?'

그래서 이 책을 통해 각자가 부자 팔자인지 알아보고 싶은 마음
이 클 것이다. 하지만 15년을 넘게 명리 연구를 해도 한눈에 사주
에 드러난 부富의 정도를 정확하게 집어내기는 쉽지 않다. 명리의

기초를 튼튼히 다지고도 부의 정도에 대한 이론을 몇 권의 책으로 더 공부해야 한다. 게다가 이 책은 명리이론 전문서도 아니다. 그러나 좋은 소식이 두 가지 있다.

첫째, 내가 부자가 되는 데 도움이 되는 방법과 피해야 할 방법을 타고난 사주로 알아보는 속성 공부는 이 책으로 가능하다. 또한 둘째, 재벌 수준의 부자는 타고나야 하지만 1장에서 이야기한 자존자본을 확보하는 것은 내 사주를 알고 그에 적합한 방법을 실천하면 누구나 가능하다.

이 두 가지가 2장을 쓰게 된 배경이기에 여기서는 간략한 이론 공부를 통해 내 사주에 잠재되어 있는 나만의 부자 되는 길을 알아보기로 한다. 이를 위해 내 생년월일시를 사주팔자로 바꾸는 방법도 소개한다. 2장만 잘 공부해도 앞에서 이야기한 십신十神, 즉 관성官星, 인성印星, 비겁比劫, 식상食傷, 재성財星 등이 내 사주에 무엇이 많고, 무엇이 없는지를 알게 된다. 십신의 많고 적음을 알면 각자만의 부자가 되는 길을 이해할 수 있다.

만일 이론 공부를 할 생각이 없는 분들은 2장의 중반부에 있는 '내 사주, 이렇게 확인하라'부터 바로 읽어도 3장 이후를 이해하는 데 큰 무리는 없다.

# 음양오행, 명리이론의 모든 것

모든 공부는 기초가 중요하다. 명리 공부에서는 그것이 바로 음양오행陰陽五行이다. 우리나라에서 태어난 사람이라면 한 번쯤 들어봤을 단어인데 사실 알고 보면 매우 간단한 이론이다. 사람이 남성과 여성으로 나누어지고, 자석이 양극陽極과 음극陰極으로 나누어지듯 자연에 존재하는 것들은 모두 양陽과 음陰으로 구성된다는 것이다.

이야기를 좀 더 확장하면 남성도 남성적인 남성과 다소 여성적인 남성, 여성도 남성적인 여성과 더욱 여성스러운 여성으로 구분할 수 있다. 여기까지만 이해되면 사실 다 아는 것이다. 이 이야기를 이론적으로 정리만 하면 바로 음양오행론陰陽五行論의 핵심이 되며, 사주풀이를 할 때 내 사주에 물水이 많네, 불火이 없고 흙土이 많다더라 등을 말하는 근거가 된다.

명리학은 자연의 관찰에서 시작된 학문이다. 음양이 오행으로 변하는 과정도 자연의 원리 그대로이다. 강한 양의 기운은 뜨거운 불火로, 강한 음의 기운은 차가운 물水로 표현된다. 뜨거운 불이 태어나려면 작은 불씨가 나무木를 만나 활활 타야 하며, 물이 생성되려면 산꼭대기의 바위金에서 한 방울, 한 방울씩 생긴 물이 폭포를 이루고 강이 되어 바다로 흘러가야 한다. 그리고 이 모든 자연 활

95

| 음양 | 양<br>陽 | | 중심 | 음<br>陰 | |
| --- | --- | --- | --- | --- | --- |
| | 약한 양<br>陽中陰 | 강한 양<br>陽中陽 | | 약한 음<br>陰中陽 | 강한 음<br>陰中陰 |
| 오행 | 목<br>木 | 화<br>火 | 토<br>土 | 금<br>金 | 수<br>水 |
| 성별 | 여성적 남성 | 남성적 남성 | 생활 공간 | 남성적 여성 | 여성적 여성 |
| 방향 | 동 | 남 | 중앙 | 서 | 북 |
| 계절 | 봄 | 여름 | 계절 공통 | 가을 | 겨울 |
| 인생 | 유년기 | 청년기 | 생활 공간 | 장년기 | 노년기 |

동들은 땅土 위에서 이루어지게 된다.

이제 여러분은 목木, 화火, 토土, 금金, 수水의 오행五行을 다 알게 된 것이다. 이것을 방향으로 표현하면 따뜻한 남쪽은 화, 추운 북쪽은 수이고, 따뜻함이 시작되는 동쪽이 목木, 차가움이 시작되는 서쪽이 금金이 되며, 중앙은 흙土이 된다. 이사 갈 때 동쪽으로 가라, 남쪽으로 가라고 역술인이 이야기하는 것은 사주에 목이 좋으면 동쪽으로 화가 필요하면 남쪽으로 가라는 것이다.

계절로 바꾸어 보면 더운 여름이 화가 되고, 추운 겨울이 수가 된다. 불을 지피는 나무는 봄이 되며, 물을 만드는 수원지水源地인 바위, 즉 금은 가을이 된다. 흙은 중앙을 지키는 기운이라 각 계절의 마지막 부분에 고르게 분포한다고 가정한다. 결국 사계절 춘하추동春夏秋冬 또한 오행의 이치로 이해한다. 더 나아가면 인생도 유년기는 파릇파릇한 나무와 같이 꿈꾸며木, 청년기는 힘찬 에너지를 발산하고火, 장년기는 기운을 거두어들여 단단하게 응축시키고金, 말년에는 정적인 상태로 다음 생명水을 위해 마지막을 준비하고, 이 모든 것은 대지土 위에서 이루어지는 것으로 볼 수 있다.

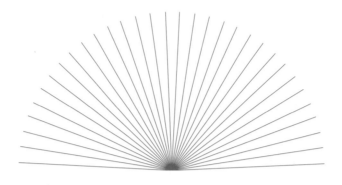

# 2 상생상극만 알아도 사주풀이가 시작된다

그런데 목, 화, 토, 금, 수는 서로 간에 관계가 있다. 자연에 존재하는 모든 것들은 생물이건 무생물이건 모두 관계 속에서 존재한다. 더 정확히는 관계 속에서 태어나고 살아가며 사라진다. 따라서 세상에 존재하는 요소들을 정적靜的으로 이해하는 것을 넘어, 세상의 존재들 간에 돕기도 하고 경쟁하기도 하는 동적動的인 과정까지 이해해야 만물의 원리를 다 이해하게 된다. 미리 말하면 이 관계는 부자들의 속성에 대한 이 장의 십신十神 이론의 기초를 이룬다.

음양오행을 이야기하며 나무가 불을 지피고, 산 정상의 바위가 물을 만든다는 이야기를 했다. 이것이 바로 상생相生 이론이다. 세상에 상생만 있으면 좋으련만 서로 상극도 있다. 물이 불을 끄는 것은 물과 불이 상극이라 그렇다. 그러나 상생은 좋고 상극은 나쁘다는 생각은 대자연의 원리와 맞지 않다. 상생과 상극이 모두 세상에 존재하기에 생장과 소멸의 순환이 이루어지는 것이다.

인간 사회로 시선을 돌려도 마찬가지이다. 어떤 조직 안에 서로 돕기만 하는 문화가 있고 서로 제어하지 않는다면 그것은 회사가 아니라 동호인 모임이다. 어떤 갈등도 긴장도 없는 곳에서 혁신적인 제품이 나올 수 없다. 서로 싫은 소리 하나 못하는 분위기는 때로는 진실도 감추게 한다. 부모가 사랑만 주며 양육하면 좋으련만 사랑의 매라는 말이 괜히 나온 것이 아니다. 물론 상극만 있어도 곤란하다. 매번 상대방을 공격만 하고 긴장된 조직 문화라면 그곳에서 오래 지낼 수 없다. 핵심은 상생과 상극이 적절한 균형을 이루는 상태가 가장 조화로운 자연 상태라는 것이다.


## 오행 다섯 글자들 사이의 관계


우선 상생을 알아보자. 목, 화, 토, 금, 수 중에서 어느 글자에서 시작해도 된다. 서로 돌고 도는 순환 관계이기 때문이다.

수는 물이다. 나무는 물을 먹고 자란다. 그러니 수생목水生木, 즉 물은 나무를 돕는다. 나무는 불을 지핀다. 땔감 없이 불이 붙지 않는다. 목생화木生火, 나무는 불을 돕는다. 차가운 땅에는 씨를 뿌려도 곡식이 자라지 않는다. 볕이 들어 땅이 녹아야 파종을 할 수 있다. 따뜻한 불은 땅을 돕는다. 화생토火生土이다. 흙이 모여 딱딱해지면 바위가 된다. 바위는 광물로서 금속성이다. 흙이 쇠를 만드는 것이다. 토생금土生金이다. 바위는 금속성 광물인데, 산 정상의 바위는 수원지가 되어 물을 한 방울, 한 방울 만들어낸다. 금생수金生水, 쇠가 물을 만든다. 그다음에는 다시 수생목으로 순환한다. 만들거나 돕는 행위를 생生으로 보고 대자연의 원리에 따라 상생의 흐름을 이해한다.

상극은 상대방의 오행을 제압하거나 소멸시킬 수 있는 관계를 말한다. 자연의 관찰로 보면 역시 쉽게 이해된다. 마찬가지로 목, 화, 토, 금, 수 중에서 어느 글자에서 시작해도 된다.

수는 물이다. 물은 불을 끌 수 있다. 수극화水剋火이다. 불은 금속을 녹인다. 화극금火剋金이다. 금속성을 가진 칼이나 도끼는 나무를 벨 수 있다. 금극목金剋木이다. 나무는 자라며 흙에 뿌리를 내려야 하는데, 흙을 뚫고 들어가기에 흙 입장에서는 제압을 당하게 된다. 목극토木剋土가 된다. 물이 넘칠 때 흙으로 제방을 쌓으면 물을 막을 수 있다. 토극수土剋水이다. 이것을 그림으로 정리하면 다음과 같다.

[상생상극도 相生相剋圖]

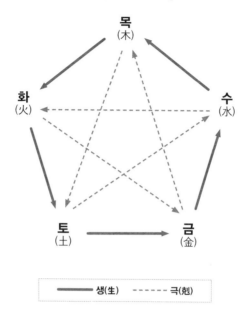

앞서 상생은 무조건 좋고, 상극은 무조건 나쁜 게 아니라고 했다. 중요한 것은 균형이다. 오행별로 너무 많아서 나쁜 경우를 예를 들어보면, 아무리 불을 크게 피우려 해도 작은 불씨에 많은 나무를 한 번에 던져 넣으면 불씨가 꺼져버린다(목다화식, 木多火熄). 따뜻한 기운이 차가운 땅을 녹이면 좋은 것이지만 사막의 땡볕은 풀한 포기 자라지 못하게 하기도 한다(화다토초, 火多土焦). 흙이 모여 금속성인 바위를 만들지만 흙이 너무 많으면 돌과 바위가 매립되어버려 존재가 갇히게 된다(토다금매, 土多金埋). 금속성인 바위가 수

원지가 되어 물을 만들기도 하지만 물에 너무 금속성이 많으면 먹을 수 없는 탁한 물이 된다(금다수탁, 金多水濁). 나무에 물을 줄 때 너무 많이 줘버리면 뿌리가 썩어버린다. 극단적인 경우에는 뿌리가 흙에서 분리되고 물에 떠버리게 된다(수다목표, 水多木漂). 좋은 것이 좋지 않을 수도 있는 것이 자연의 진리이자 여기에 근거한 명리의 오묘함이다.

마찬가지로 상극도 필요한 상극이 있다. 집에 불이 나면 물로 꺼야 하고, 금속성 광물인 원석을 불로 제련해야 칼과 보석을 만들 수 있으며, 도끼로 나무를 베어야 대들보를 구한다. 나무가 흙에 뿌리내려야 과일이 열리며, 물이 범람하면 제방을 만들어야 삶의 터전이 지켜진다. 여러 번 강조하는 이유는, 아직도 내가 '불'인 사주면 '물'은 무조건 좋거나 나쁘다는 식으로 단편적으로 이해하는 경우가 많기 때문이다.

세상은 흑과 백으로 보면 언뜻 편해 보이지만 그렇게 구성되지 않는다는 것이 자연의 원리에 근간을 둔 명리학의 지혜이다. 자연의 흐름을 따르지 않으면 성공할 수 없듯이 부자가 되려면 자연의 원리대로 세상을 이해해야 한다. 내 마음 편하자고 흑백논리를 펼치면 절대 부자가 될 수 없기에 종합적 판단으로 이해해야 함을 재차 강조한다. 소신 있고 끈기 있는 사람과 편협하고 외골수인 사람을 구별 못 하지는 않으리라 믿는다.

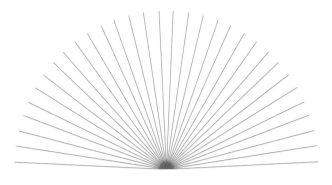

## 3

# 10간 12지,
# 나를 표현하는 글자들

음양오행의 기본 논리와 그 안의 상생상극을 알게 되었으니 사실 명리학 핵심의 절반은 알았다고 해도 과언이 아니다. 이제 이론 가운데 실제 해석에 활용할 수 있는 부분을 알아볼 차례다.

그것이 바로 10간 12지十干十二支이다. 10간은 우리가 흔히 '갑, 을, 병, 정…' 하는 것들이고, 12지는 열두 띠로 유명한 '자, 축, 인, 묘…'와 같은 것들이다. 오행에서 이야기한 것들은 목, 화, 토, 금, 수인데 이것이 10간 12지와 무슨 관계일까? 간략히 말하면, '갑,

을, 병, 정···'이나 '자, 축, 인, 묘···' 등은 목, 화, 토, 금, 수의 속성을 각각 가지는 관계이다. 우리의 생년월일시를 여덟 글자의 사주팔자로 변환해보면 10간 12지 중의 여덟 글자로 표현되고, 그 글자들이 목, 화, 토, 금, 수를 좀 더 현실적 설명에 적합하게 표현한다고 이해하면 된다.

[2019년 8월 15일 낮 12시(양력)에 태어난 사람의 사주팔자 예시]

|  | 시 | 일 | 월 | 연 |
|---|---|---|---|---|
| 천간 | 경庚 | 갑甲 | 임壬 | 기己 |
| 지지 | 오午 | 신申 | 신申 | 해亥 |

　예를 들어, 2019년 광복절 정오에 태어난 사람은 위의 여덟 글자를 평생 자신의 사주팔자로 가지고 살아가게 된다. 2019년이 기해己亥년인 것처럼 각 월, 일, 시도 두 글자씩 오행의 코드를 부여받는다. 아래에 더 설명하겠지만 연도인 기己와 해亥는 각각 토土와 수水를 뜻한다. 10간 12지는 오행을 좀 더 상세히 표현하기 위한 것들로서 10간 10개는 하늘의 기운이라고 해서 사주의 윗줄에(천간, 天干), 12지 12개는 땅의 기운을 표현하기 위해 아랫줄에 적는다(지지, 地支).

　오행(목·화·토·금·수)의 각 다섯 글자도 양과 음으로 한 번 더 나누어지는데, 가령 기己는 음陰의 토土이고, 해亥는 양陽의 수水이다.

위의 사람은 태어난 월이 임신壬申월인데 임壬은 양의 수水이고, 신申은 양의 금金이다. 태어난 날인 갑신甲申일에서 갑甲은 양의 목木이고, 신申은 앞서 말했듯 양의 금金이다. 태어난 시인 경오庚午시에서 경庚은 양의 금金이고, 오午는 음의 화火이다.

**[오행에 따른 천간과 지지의 분류]**

| 오행 | 목木 | | 화火 | | 토土 | | 금金 | | 수水 | |
|---|---|---|---|---|---|---|---|---|---|---|
| 음양 | 양陽 | 음陰 | 양陽 | 음陰 | 양陽 | 음陰 | 양陽 | 음陰 | 양陽 | 음陰 |
| 천간 | 갑甲 | 을乙 | 병丙 | 정丁 | 무戊 | 기己 | 경庚 | 신辛 | 임壬 | 계癸 |
| 지지 | 인寅 | 묘卯 | 사巳 | 오午 | 진辰 술戌 | 축丑 미未 | 신申 | 유酉 | 해亥 | 자子 |

그리고 나를 뜻하는 글자를 태어난 '일'의 '천간'(여기서는 '갑'甲)이라 보고 나머지 일곱 글자와의 상생상극 관계를 통해 사주를 해석한다. 그러면 간략히 10간 12지가 뜻하는 의미를 알아보기로 하자. 먼저 10개의 천간부터 설명하면 다음과 같다.

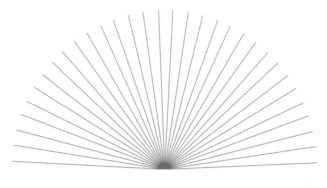

**4**

# 하늘의 기운이자 정신세계, 천간

천간天干은 글자 그대로 '하늘의 기운'을 뜻한다. 천간은 앞서 설명한대로 갑甲·을乙·병丙·정丁·무戊·기己·경庚·신辛·임壬·계癸, 10개의 글자로 구성되어 있는데, 천간을 이해할 때 가장 중요한 것은 각 글자의 속성이다. 또한 태어난 날의 천간인 '일간'日干의 경우 '나 자신'을 나타내는 글자가 된다. 이상의 천간을 정리하면 다음과 같다.

| 오행 | 목<br>木 | | 화<br>火 | | 토<br>土 | | 금<br>金 | | 수<br>水 | |
|---|---|---|---|---|---|---|---|---|---|---|
| 음양 | 양<br>陽 | 음<br>陰 | 양<br>陽 | 음<br>陰 | 양<br>陽 | 음<br>陰 | 양<br>陽 | 음<br>陰 | 양<br>陽 | 음<br>陰 |
| 천간 | 갑<br>甲 | 을<br>乙 | 병<br>丙 | 정<br>丁 | 무<br>戊 | 기<br>己 | 경<br>庚 | 신<br>辛 | 임<br>壬 | 계<br>癸 |
| 의미 | 소나무 | 풀 | 태양 | 촛불 | 광야 | 논밭 | 원석 | 보석 | 강·<br>바다 | 이슬 |

# 갑甲, 거대한 나무의 곧은 기운

천간의 첫 글자인 갑은 양陽의 목木으로 아름드리 소나무처럼 크고 곧게 뻗은 나무를 뜻한다. 당당한 느낌이 옛날로는 왕이고, 요즘으로는 리더를 뜻한다. 태어난 날의 천간이 자신을 뜻하기에 갑일甲日에 태어난 사람은 자존심, 자부심이 강하고 리더십이 있다. 그러나 꼿꼿한 나무가 그렇듯 유연성은 다소 부족할 수도 있다. 부를 추구하는 과정에서도 융통성이 필요하다는 점을 명심해야 한다.

# 을乙, 유연한 풀잎의 기운

을은 음陰의 목으로 부드러운 풀이나 굽어가며 하늘로 올라가는 등나무 등의 식물을 뜻한다. 소나무와 같이 강한 느낌은 없지만 태풍이 불어 소나무가 부러질 때도 풀은 눕기만 할 뿐, 쓰러지지 않는다. 한마디로 생명력이 강한 글자이다. 을일乙日에 태어난 사람들은 외유내강外柔內剛인 성격을 가지거나, 강해 보이더라도 나름 유연한 속마음을 타고난 경우가 많다. 빠른 결과가 나오지는 않더라도 진득한 인내가 필요한 투자나 사업 분야에서 부를 축적할 수 있는 잠재력이 크다.

# 병丙, 에너지를 주는 태양의 기운

병은 양의 화火로서 한마디로 태양이다. 태양은 하늘에 있는 오행으로서 목, 화, 토, 금, 수 중에 유일하게 우리가 손으로 만질 수 없는 존재이다. 하늘에 높이 떠 있으면서 만물에 에너지를 공급하는 글자이니 병일丙日에 태어난 사람은 이상주의적 성향이 있거나 다른 사람을 돕는 일에 관심이 많다. 부를 추구하는 과정에서도 지금 생각하는 방향보다 더 실리적인 길을 찾을 수는 없는지 스스로 물어보면 유리할 것이다.

## 정丁, 녹이고 태우는 불의 기운

정은 음의 화로서 화롯불, 촛불이라고도 불린다. 그러나 화재는 태양이 강해서가 아니라, 촛불이 넘어지거나 담뱃불로 인해 발생한다. 그래서 세상을 직접 바꾸는 혁신적 성향은 '병'보다 '정'이 더 강하다. 실제 금속을 녹이는 기운은 '병'이 아니라 '정'이라는 것에 주목할 필요가 있다. 정의 기운을 가진 사람은 실리적인 성향이 강해 돈 버는 데 유리한 편이나 급한 마음은 될 일도 그르친다는 사실을 잊어서는 안 된다.

## 무戊, 발 딛고 살아가는 토대의 기운

무는 양의 토土로서 광야, 대지, 초원을 뜻한다. 농사에 알맞은 땅은 아니지만 개간하면 농사를 지을 수도 있다. 그러나 파종보다는 아무래도 말과 양이 뛰노는 벌판이거나, 상인들이 동서를 교역하는 실크로드와 같은 큰 땅이다. 무일戊日에 태어난 사람들은 '나'라

109

는 큰 벌판 위에 사람들이 뛰놀고 일하면서 가치를 창출하는 플랫폼 역할을 할 때 자신의 진가가 나오는 경우가 많다. 직접 만들기보다 남이 만드는 것을 관리할 때 강점이 있다는 것이다. 그러나 인간의 심리에는 내가 주인공이고 싶은 마음이 있다. 어렵지만 나를 드러내고 싶은 때일수록 명예보다 실리를 추구하는 마음이 부의 지름길이다.

## 기己, 작물을 생산하는 논밭의 기운

기는 음의 토로서 농사를 짓는 논과 밭을 뜻한다. 수화의 땅이니 안정을 중시하고 온화한 날씨가 필요하다. 기일己日에 태어난 사람은 주변 환경만 안정적으로 배려하면 착실하게 맡은 바 산출물을 만들어내는 성실성이 강점이다. 적절할 때 비가 오고, 필요에 따라 햇볕이 들기만 하면 좋은 농토에서는 벼와 보리가 잘 자라는 것과 같다. 반면 주변의 여건이 적절하지 않아 자수성가로 성공해야 할 상황도 있다. 좋은 씨앗을 뿌려줄 농부의 역할, 작물을 자라게 하는 해와 비의 역할까지 내가 해야 하는 상황인 셈이다. 이럴 때는 외롭더라도 나 자신만 믿고 가야 한다. 힘들다고 섣불리 남을 믿으면 내 논밭이 남의 땅이 된다.

## 경庚, 용광로에 들어갈 원석의 기운

경은 양의 금金으로서 바위, 가공 전의 원석 등을 뜻한다. 사실 바위의 구성 성분이 광물인 것을 생각하면 설명이 쉽다. 불로 녹여서 쓰임을 가지기 전의 상태이므로 경일庚日에 태어난 사람은 아직 세상의 때가 묻지 않은 순수한 마음이 있다. 순수함이 때로는 고집으로 표현되는 경우도 있다. 그러나 산속의 바위는 한 방울 두 방울 물을 만들어내는 수원지가 되니, 차근차근 성실한 마음으로 성과를 지향하면 이루는 바가 있다. 순수한 마음을 악용하려는 사기꾼은 늘 조심해야 재산을 지킬 수 있고, 내 진심이 통하지 않는 곳에서 고집부려봤자 돈 될 일이 없다는 것을 명심해야 한다.

## 신辛, 원석을 녹여 만든 보석, 칼의 기운

신은 음의 금으로 불을 이용해 원석이 가공된 이후의 보석, 칼 등을 뜻한다. 세상의 빛이 되고 쓸모가 있는 대상이다. 화려함과 날카로움의 기운이 강하니 신일辛日에 태어난 사람은 돋보이는 것을 좋아하고, 꼼꼼한 업무 처리 등이 특징이다. 깔끔한 만큼 사행성 강한 사업이나 남에게 아부하는 일은 불편하게 느낄 수 있으므로 기회가 좋다고 무조건 하지 말고 자신의 소신과 성향에 맞는 일인 지부터 검토해야 한다.


## 임壬, 끊임없이 흐르는 강과 바다의 기운

임은 양의 수水로서 강과 바다와 같이 흐르는 큰 물줄기를 뜻한다. 고정되어 있지 않고 흐르는 기운으로서 임일壬日에 태어난 사람은 한 곳에 매여 있기보다 변화를 원하는 경우가 많은데, 이런 부분을 잘 활용하면 유연한 사고방식과 새로움에 능한 장점이 될 수 있다. 사업 환경의 변화에 잘 적응하는 것은 부자가 되기에 유리하지만 우직함과 버티는 힘도 갖춘다면 더욱 좋다.


## 계癸, 맑고 깨끗한 이슬과 샘물의 기운

계는 음의 수로서 새벽이슬이나 샘물같이 맑고 깨끗한 물을 의미한다. 더없이 투명한 깨끗함이 특징이기에 계일癸日에 태어난 사람은 섬세하고 총명한 경우가 많다. 반대로 세파에 찌들거나 음험한 사람들이 옆에 있으면 자신도 모르게 본능적으로 불편함을 느끼게 된다. 사업상의 어려운 대인관계나 험한 일은 남의 도움을 받고 자신은 지혜를 무기로 사용하기를 권한다. 그렇게 한다면 큰 부를 축적할 수도 있다.

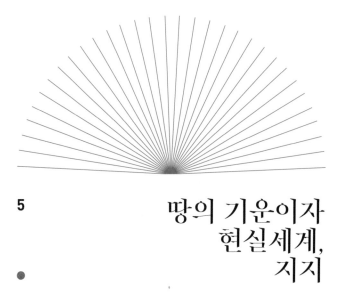

5

# 땅의 기운이자 현실세계, 지지

이제 열두 띠로 우리에게 익숙한 지지地支를 알아볼 차례인데, 지지 12개는 천간 10개와 의미가 연결이 되므로 추가적인 설명은 생략하되 각각이 어느 천간과 같은 의미인지만 소개한다. 다음의 표를 참고하면 이해하기 쉽다.

자子는 음陰의 수水인데 10간 중에서는 천간 계癸가 음의 수이다. 앞에서 '계'의 의미를 새벽이슬이나 샘물과 같이 깨끗한 물이라고 했으니 '자'의 의미도 같다고 봐도 무방하다. 축丑은 음의 토土이므로 기己와 같은 의미인 '논밭'이라고 본다. 인寅은 양陽의 목木이니 갑甲과 같은 의미이고, 묘卯는 음의 목이니 을乙과 같은 뜻으로 본다.

진辰은 양의 토이므로 무戊와 같은 의미이고, 사巳와 오午는 각각 양의 화火와 음의 화를 뜻하니 각각 병丙과 정丁을 뜻한다. 미未는 음의 토이니 기己와, 신申과 유酉는 각각 양과 음의 금金을 뜻하니 경庚과 신辛과 각각 같은 의미를 갖는다.

술戊은 양의 토이니 무戊, 해亥는 양의 수이니 임壬을 뜻한다고 간주한다. 열두 띠로 할 때는 쥐띠인 자子부터 '자, 축, 인, 묘…'로 부르고 12지의 시작도 '자'가 맞지만 아래의 표에서는 오행별로 묶는 편의상 해亥를 먼저 기입했다.

| 오행 | 수水 | | 토土 | 목木 | | 토土 | 화火 | | 토土 | 금金 | | 토土 |
|---|---|---|---|---|---|---|---|---|---|---|---|---|
| 음양 | 양陽 | 음陰 | 음陰 | 양陽 | 음陰 | 양陽 | 양陽 | 음陰 | 음陰 | 양陽 | 음陰 | 양陽 |
| 천간 | 임壬 | 계癸 | 기己 | 갑甲 | 을乙 | 무戊 | 병丙 | 정丁 | 기己 | 경庚 | 신辛 | 무戊 |
| 지지 | 해亥 | 자子 | 축丑 | 인寅 | 묘卯 | 진辰 | 사巳 | 오午 | 미未 | 신申 | 유酉 | 술戊 |
| 의미 | 강·바다 | 이슬 | 논밭 | 소나무 | 풀 | 광야 | 태양 | 촛불 | 논밭 | 원석 | 보석 | 광야 |

주. 사주명리 이론상 10간의 글자와 12지의 글자는 엄밀히 말해 정확히 일치하지 않는다. 인寅은 갑甲의 속성이 가장 강하지만 일부 다른 속성도 있기에 완벽히 두 글자가 일치하는 것은 아니다. 진辰도 광야를 뜻하는 무戊라고 했으나 논밭인 기己의 특징도 일부 있다. 이 부분은 중급 이상의 이론 과정에서 다루어야 하므로 여기서는 편의상 천간과 지지 간에 서로 대응되는 같은 글자가 존재하는 것으로 가정한다.

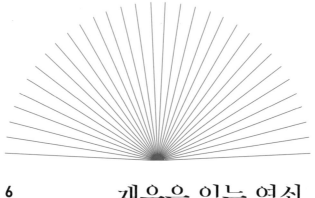

**6**

# 재운을 읽는 열쇠, 십신

지금까지 살펴본 '상생상극'과 '10간 12지'를 종합하면 '십신'十神이 된다. 십신은 정관正官, 편관偏官, 정인正印, 편인偏印, 비견比肩, 겁재劫財, 식신食神, 상관傷官, 정재正財, 편재偏財 등의 열 가지로서 인간사의 운 영역이다. 1장에서 인간사의 다섯 가지 운 영역으로 관성官星, 인성印星, 비겁比劫, 식상食傷, 재성財星이 있고, 나와의 관계를 봤을 때 각각 '나를 통제(관성)', '나를 지원(인성)', '나와 상호 지원(비겁)', '내가 지원(식상)', '내가 통제(재성)'하는 요인이라고 했다. 그리고 다섯 가지를 음양으로 나누면 관성은 정관과 편관, 인성은 정인과 편인, 비겁은 비견과 겁재, 식상은 식신과 상관, 재성은 정재와 편재의 10개, 즉 십신으로 각각 나누어진다고 했다. 1장의 내용을 잘 이해했다면 십신을 이해하기 쉽다. 1장의 다섯 가지 운 영역 도표와 2장의 상생상극도는 사실 같은 그림이기 때문이다. '나'라는 관계의 중심요인이 목木인 경우를 예로 들어보자.

목의 경우 금金이 극剋한다. 극이라는 말을 '통제'한다고 바꾸어보자. 그러면 금이 목의 관성임을 알 수 있다. 수水는 목을 생生한다. 생이라는 말을 '지원'이라고 바꿔보자. 수가 목의 인성인 것을 알 수 있다. 목木은 다른 목과 같은 기운이니 서로 돕는다고 볼 수 있다. 상호 생하는 것이며 생은 지원하는 것이니 상호 지원하는 목이 비겁이 된다. 목은 화火를 생한다. 목이 화를 지원하니 화가 식상이다. 목은 토土를 극한다. 목이 토를 통제하니 토가 재성이다.

그중에서도 양陽의 목인 '갑'甲을 '나'라고 가정해보자. 상생상극도를 보면 수水는 목을 돕는다. 인간사의 다섯 가지 운 영역에서 '나를 지원'하는 것은 인성이다. 수가 인성인 것이다. 인성 중에서 나와 음양陰陽이 다르면 '정인', 같으면 '편인'이 된다. 115페이지의 표와 함께 살펴보면 갑은 양의 목이므로 천간의 계癸, 지지의 자子는 음의 수로서 나와 음양이 다르니 정인, 천간의 임壬, 지지의 해亥

는 나와 음양이 같으니 편인이 된다. 새롭게 배운 것은 나와 음양이 같으냐 다르냐로 정인과 편인을 나눈 것뿐이며 나머지는 이미 다룬 내용들을 조합한 것뿐이다.

나를 통제하는 관성 중에서 나와 음양이 다르면 '정관', 같으면 '편관'이다. 내가 양의 목인 갑甲이라면(일간이 '갑'이라면) 천간의 신辛, 지지의 유酉는 정관, 천간의 경庚, 지지의 신申은 편관이다. 나와 상호 지원하는 비겁 중에서 나와 음양이 같으면 '비견', 다르면 '겁재'이다. 내가 갑이라면 천간의 갑(동일한 글자), 지지의 인寅이 비견이고, 천간의 을乙, 지지의 묘卯가 겁재가 된다. 내가 지원하는 식상 중에서 나와 음양이 같으면 '식신', 다르면 '상관'이라고 한다. 내가 갑이라면 천간의 병丙, 지지의 사巳가 식신이고, 천간의 정丁, 지지의 오午가 상관이 된다. 내가 통제하는 재성 중에서 나와 음양이 다르면 '정재', 같으면 '편재'라고 한다. 내가 갑이라면 천간의 기己, 지지의 축丑과 미未는 정재, 천간의 무戊, 지지의 진辰, 술戌은 편재가 된다.

'나'라는 존재는 '갑, 을, 병, 정…' 등의 천간 10개 중에서 하나로 사주에서 표현된다. 명리학을 본격적으로 공부한다면 10개의 천간별로 십신에 해당하는 천간과 지지들을 모두 외워야 하지만 개인별 십신만 알고 싶으면 다음의 도표만 참고해도 충분하다. 나와 관심 있는 사람들의 사주 여덟 글자에서 태어난 날의 천간(일간, 표

의 세로축)이 갑인지 을인지에 따라 원국표의 나머지 7개의 글자와

조합하여 해당 정관, 편관, 정인, 편인 등을 찾아서 보면 된다.

### [일간별 십신]

| | 관성 | | 인성 | | 비겁 | | 식상 | | 재성 | |
|---|---|---|---|---|---|---|---|---|---|---|
| | 정관 | 편관 | 정인 | 편인 | 비견 | 겁재 | 식신 | 상관 | 정재 | 편재 |
| 갑<br>甲 | 辛,酉 | 庚,申 | 癸,子 | 壬,亥 | 甲,寅 | 乙,卯 | 丙,巳 | 丁,午 | 己,丑,未 | 戊,辰,戌 |
| 을<br>乙 | 庚,申 | 辛,酉 | 壬,亥 | 癸,子 | 乙,卯 | 甲,寅 | 丁,午 | 丙,巳 | 戊,辰,戌 | 己,丑,未 |
| 병<br>丙 | 癸,子 | 壬,亥 | 乙,卯 | 甲,寅 | 丙,巳 | 丁,午 | 戊,辰,戌 | 己,丑,未 | 辛,酉 | 庚,申 |
| 정<br>丁 | 壬,亥 | 癸,子 | 甲,寅 | 乙,卯 | 丁,午 | 丙,巳 | 己,丑,未 | 戊,辰,戌 | 庚,申 | 辛,酉 |
| 무<br>戊 | 乙,卯 | 甲,寅 | 丁,午 | 丙,巳 | 戊,辰,戌 | 己,丑,未 | 庚,申 | 辛,酉 | 癸,子 | 壬,亥 |
| 기<br>己 | 甲,寅 | 乙,卯 | 丙,巳 | 丁,午 | 己,丑,未 | 戊,辰,戌 | 辛,酉 | 庚,申 | 壬,亥 | 癸,子 |
| 경<br>庚 | 丁,午 | 丙,巳 | 己,丑,未 | 戊,辰,戌 | 庚,申 | 辛,酉 | 壬,亥 | 癸,子 | 乙,卯 | 甲,寅 |
| 신<br>辛 | 丙,巳 | 丁,午 | 戊,辰,戌 | 己,丑,未 | 辛,酉 | 庚,申 | 癸,子 | 壬,亥 | 甲,寅 | 乙,卯 |
| 임<br>壬 | 己,丑,未 | 戊,辰,戌 | 辛,酉 | 庚,申 | 壬,亥 | 癸,子 | 甲,寅 | 乙,卯 | 丁,午 | 丙,巳 |
| 계<br>癸 | 戊,辰,戌 | 己,丑,未 | 庚,申 | 辛,酉 | 癸,子 | 壬,亥 | 乙,卯 | 甲,寅 | 丙,巳 | 丁,午 |

주. 1장에서 배운 인간사의 운 영역 다섯 가지가 결국 나를 기준으로 목, 화, 토, 금, 수의 오행으로 표현되고 이것을 음양으로 나누면 5(오행)×2(음양)=10이니 십신이 된 것이다.

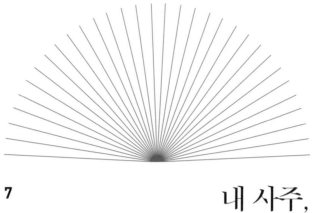

# 7

# 내 사주,
# 이렇게 확인하라

십신의 구조를 이해하는 것도 좋지만 무엇보다 내 사주의 십신을 확인하는 것이 가장 중요하다. 내 사주를 보고 2장의 내용을 돌아보면 이해도 확실해지며, 이어서 다룰 '운의 구조를 알면 나쁜 운도 기회가 된다' 부분에 대해서도 편하게 접할 수 있기 때문이다. 내 사주는 자신의 양력 또는 음력으로 태어난 연월일시 정보를 여덟 글자로 바꾼 정보이다.

예전에는 만세력萬歲曆이라는 책자를 펼치고 자신의 연월일시 정보에 해당하는 10간 12지 정보를 찾는 방식이었다. 그러나 요즘은 IT 기술의 발달로 좋은 유료, 무료 만세력을 인터넷과 모바일 앱에서 쉽게 접할 수 있다. 인터넷 검색창이나 앱스토어에 '만세력' 또는 '무료 만세력'이라고 입력하고 자신에게 보기 편한 만세력을 선택하기만 하면 된다. 어떤 만세력 프로그램이더라도 양력 또는 음력, 성별, 태어난 연월일시를 입력하면 다음과 같은 정보들을 공통적으로 보여준다.

**[2019년 8월 15일 낮 12시(양력)에 태어난 사람의 사주팔자]**

**사주팔자**

|  | 시 | 일 | 월 | 연 |
|---|---|---|---|---|
| **십신** | 편관 | 본인(我) | 편인 | 정재 |
| **천간** | 庚 | 甲 | 壬 | 己 |
| **지지** | 午 | 申 | 申 | 亥 |
| **십신** | 상관 | 편관 | 편관 | 편인 |

**대운**

| 나이 | 73 | 63 | 53 | 43 | 33 | 23 | 13 | 3 |
|---|---|---|---|---|---|---|---|---|
| **십신** | 비견 | 겁재 | 식신 | 상관 | 편재 | 정재 | 편관 | 정관 |
| **천간** | 甲 | 乙 | 丙 | 丁 | 戊 | 己 | 庚 | 辛 |
| **지지** | 子 | 丑 | 寅 | 卯 | 辰 | 巳 | 午 | 未 |
| **십신** | 정인 | 정재 | 비견 | 겁재 | 편재 | 식신 | 상관 | 정재 |

주. 대운은 같은 사주라도 남녀에 따라 다르다. 이 사례는 남성의 예시이다.

유의할 부분은 해외에서 태어난 사람은 현지 시간 기준으로 입력하면 되고, 만일 태어난 날이 현지의 서머타임제(일광절약제) 실시 기간에 있다면 한 시간을 빼주고 입력해야 한다는 점이다*. 실제 시간보다 일찍 일과를 시작하게 하는 것이 서머타임제의 취지이므로 가령 오전 7시라고 해도 원래는 오전 6시이기 때문이다.

이쯤에서 대운大運이라는 표에 대해 궁금한 마음이 들 것이다. 보통 '대운이 들었다'고 하면 '좋은 운', '대박 운'으로 해석하는데 이는 틀린 이해다. 대운이란 10년 단위로 자신이 처하는 환경을 말한다. 가령 앞의 사주 중 기해己亥년, 임신壬申월, 갑신甲申일, 경오庚午시에 태어난 부분은 평생 불변이지만 3세부터 12세까지는 신미辛未라는 운의 영향을 받고, 13세부터 22세까지는 경오庚午라는 운의 영향을 받는 것이다. 여기서의 대운 나이는 보통 만 나이를 사용하나 만세력 프로그램에 따라 우리 나이를 쓰는 곳도 있다.

대운에 대해 역학계에서 자주 사용하는 비유가 있다. 사주가 '자동차'라면 대운은 '도로'라는 것이다. 타고난 사주가 아주 좋게 태어나면 최고급 세단으로 볼 수 있는데 유년기와 청년기의 대운이 고속도로처럼 탄탄대로가 아니라 가시밭길, 흙길이면 타고난 장점을 활용하기 어려운 시기에 처한다고 보는 식이다. 물론 이 책은

* 한국에서도 과거에 서머타임제를 시행한 적이 있으므로, 해당 시기에 태어난 경우에는 한 시간을 빼고 적용하도록 한다.

사주이론 전문서가 아니므로 대운에 따른 내 사주의 시기별 길흉화복을 아주 정밀하게 분석하는 법은 배우지 않는다. 그러나 특정 시기의 재운에 대해서, 더 정확히는 특정 시기별로 재운을 극대화하기 위한 실마리를 찾는 방법을 대운을 토대로 이해할 수 있도록 도울 것이다.

다시 앞의 2019년 8월 15일 정오생의 사주 사례로 돌아가 보자. 태어난 날의 천간, 즉 일간日干이 '나'를 뜻하는 글자이므로 이 사람은 양陽의 목木인 '갑'甲으로 태어났다. 사주란 여덟 글자로 타고나기에 팔자八字라고 하니 나를 제외한 일곱 글자는 어떤 경우라도 십신의 열 가지 요소를 모두 포함하지 못한다. 어떤 인간도 완벽한 운을 가지고 태어나지 못하는 것은 이것만 봐도 알 수 있다. 여기에 10년 단위로 변하는 대운의 두 글자를 더하더라도 특정 시기에 10개의 십신을 다 가질 수는 없다. 결국 인간은 자신의 장점은 강화하고 약점은 보완해야 성공하는 부족한 존재이다.

물론 사람에 따라 타고난 팔자와 대운 흐름이 유리한 구조도 있다. 그러나 남의 팔자는 남의 팔자이고 내 팔자의 주어진 조건에서 운을 극대화하면 될 일이라는 생각이 중요하다. 그리고 모든 글자를 다 가지고 있다고 늘 좋은 것만도 아니고 몇 가지 글자만 가지고 있다고 해서 성공이 어려운 것도 아니다. 내 사주의 장·단점에 대한 이해와 실천을 통해 각자의 잠재력을 얼마나 사용하느냐에 따라 결과가 달라지는 것이다. 인간이 죽기 전 타고난 뇌 기능의 일부분만 사용할 수밖에 없는 것처럼 많은 사람들이 자신의 타고난 운을 반도 못 쓰고 죽는 경우가 많기 때문이다.

앞의 주인공은 십신 중에서 편관 3개, 편인 2개, 정재 1개, 상관 1개를 가지고 태어났다. 그러면 타고나지 않은 것은 정관, 정인, 편재, 식신, 비견, 겁재이다. 일단 만세력으로 자기 사주를 뽑아보는 단계에서는 첫째, 나를 뜻하는 태어난 날의 천간, 즉 일간日干이 갑인지 을인지 병인지 등의 나 자신의 10간十干 찾기와, 둘째로 내 사주팔자에 어떤 십신이 있고 없는지를 파악하기, 이렇게 두 가지만 하면 충분하며, 이제부터는 각자의 사주를 펼쳐놓고 부자가 되는 고민의 틀에서 십신을 돌아볼 차례이다.

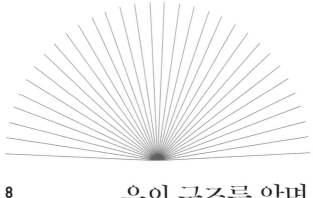

**8**

●

# 운의 구조를 알면
# 나쁜 운도
# 기회가 된다

1장에서 운 영역 다섯 가지를 부를 가져오는 다섯 가지 운 영역으로도 볼 수 있었다. 사실 운 영역 다섯 가지는 재운뿐 아니라 잘 맞는 직업이나 남녀관계 궁합 등 인간사의 주요 관심사를 해석할 수 있는 틀이다. 이 책이 부를 축적하는 데 목적이 있다 보니 그 다섯 가지를 부와 관계된 운 영역에 관심을 두고 해석했을 뿐이다. 그리고 이 다섯 가지를 음양으로 나눈 십신을 기준으로 더욱 세분화하여 이해해보았다.

사주란 연월일시의 정보를 8개의 글자, 팔자로 표현한 것이다 보니 나를 칭하는 글자인 태어난 날의 천간을 제외하면 일곱 글자이다. 앞서 십신은 10개의 운 영역이므로 어떤 사람도 10개의 운 영역을 모두 타고날 수 없다고 배웠다. 완벽한 부자 운명으로 준비된 탄생은 없는 것이다.

물론 타고난 부자가 있다고 주장하는 명리 연구자들도 많다. 거부의 운을 타고난 사주가 없는 것은 아니다. 그러나 15년간 명리 연구를 해보니 자존자본을 확보하는 수준의 부를 축적하는 것은 자신의 운을 이해하고 노력하며 보완하는 정도로도 성공한 경우를 많이 보았다. 그것이 이 책을 쓰게 된 이유이기도 하다. 다만 운을 이해하고 노력, 보완하는 방법은 전문 명리 상담가에게 조언을 구하는 것이 바람직하지만 상담 후에 용기를 얻기보다는 자신의 제약 사항을 듣고 좌절하는 경우도 많다.

무모한 욕심을 내라는 이야기는 아니다. 그러나 실제 사주의 특징을 잘 이해하고 노력하면 재벌은 아니더라도 가족의 행복과 자신의 안정된 노후를 이끌어내는 정도는 가능한데 너무 빨리 포기하는 것은 아쉽다고 생각해왔다. 그래서 고민한 방법이 내 사주의 특징을 잘 이해하고 부에 접근하는 마음가짐을 바꾸는 것이며 이것만으로도 부에 한 발 더 접근하는 방법이 가능함을 이야기하려한다.

# 내게 좋은 기운을 찾는 방법

부의 잠재력을 높이는 기본 방법은 다음과 같다. 첫째, 내 팔자에 있는 십신 중 1~2개를 강점으로 선정해 개발하고 둘째, 내 팔자에 없는 십신을 의식하고 보완하며 셋째, 오히려 너무 많은 기운이 있다면 이를 경계하면서 잠재된 부를 극대화하는 노력을 하는 것이다.

태어난 연월일시를 만세력을 통해 사주팔자 여덟 글자로 바꾸었다면 나에게 어떤 기운이 있고, 없는지를 살펴보는 것으로 운의 분석을 시작한다. 태어난 날의 천간에 해당하는 글자를 나我로 보는 것이니, 나머지 7개 글자의 십신을 각 위치와 함께 살펴본다. 그리고 없는 십신을 찾는다.

예를 들어, 양력으로 2019년 8월 15일 정오에 태어난 사람은 연年의 천간(연간, 年干)에 정재, 연의 지지(연지, 年支)에 편인, 월의 천간인 월간月干에 편인, 월의 지지인 월지月支에 편관, 일의 지지인 일지日支에 편관, 시의 천간인 시간時干에 편관, 시의 지지인 시지時支에 상관이 있다. 총 편관은 3개이며, 편인이 2개, 정재 1개, 상관 1개이다. 반면 정관, 정인, 편재, 식신, 비견, 겁재가 사주에 없다.

[2019년 8월 15일 낮 12시(양력)에 태어난 사람의 십신 개수]

| 십신의 개수 | 해당 십신 | 십신 위치 |
|---|---|---|
| 6~7개 | – | – |
| 3~5개 | 편관 | 월지, 일지, 시간 |
| 2개 | 편인 | 연지, 월간 |
| 1개 | 정재 | 연간 |
| 1개 | 상관 | 시지 |
| 없음 | 정관, 정인, 편재, 식신, 비견, 겁재 | – |

첫 번째로 일지에 있는 것을 나의 '핵심역량'으로 삼는다. 타고난 날의 천간이 나 자신이라면 타고난 날의 지지는 내 실제 생활의 근간이 된다. 내가 세상을 살아가면서 가장 밀접하게 접하는 기운이니 나를 뜻하는 글자의 바로 아래에 있고, 이 기운을 잘 활용하느냐 아니냐가 가장 중요하다. 그러므로 '일지'에 있는 글자가 나의 핵심역량이 되는 것이다. 앞의 사례에서는 편관이 핵심역량이 되므로 편관이 가지는 특징들을 자신의 장점으로 삼아서 노력할 때 부를 축적할 확률이 높아진다.

두 번째로는 내가 가지지 않은 기운을 살면서 보완해야 될 역량으로 삼는다. 이 사례에서는 정관, 정인, 편재, 식신, 비견, 겁재를 타고나지 않았다. 타고나지 않은 요소들을 강화시켜서 성공하는 것은 너무나 많은 노력을 필요로 한다. 그러나 본인이 어떤 기운이 부족해 부를 축적하는 과정에서 어떤 마음 자세가 부족한지를 평소에 인식하고 관련된 역량을 최소한으로 확보하는 것만으로도 도움이 된다. '보완역량'이라고 부른다.

세 번째로 특정 십신이 너무 많아도 문제가 될 수 있다. 보통 3개 이상, 5개 이하는 필요 이상으로 넘치는 기운으로 보고 오히려 해당 십신이 가져올 부작용들을 경계해야 한다. 이것이 '경계역량'이다.

네 번째로 일지에 있지는 않지만 사주에 2개가 존재하여 영향력이 존재하는 경우 나를 돕는 '부핵심역량'으로 사용할 수 있다.

다섯 번째로 특정 십신이 아예 대부분의 사주를 차지해서 6~7개가 있으면 너무 강해 부정할 수 없는 기운이므로 대세를 따르게 된다. 즉, '대세역량'이다. 제어하기 어려울 정도로 많은 기운은 일지 여부와 무관하게 그 특징을 장점으로 삼아서 노력한다. 일단은 핵심역량과 유사하게 간주해도 된다. 해당 사례에는 특정 십신이 6~7개는 보이지 않는다. 그런데 공교롭게 장점으로 삼아야 할 일지가 편관인데 편관의 기운이 3개이다. 기운이 3~5개라면 넘치는 기운이니 경계하며 사용해야 한다고 했다. 이럴 때는 어떻게 해야 할까? 일단 일지에 없는 특정 십신이 사주 안에 6~7개씩 있지는 않으니 일지 편관을 장점으로 삼기는 해야 한다.

그러나 과유불급이기에 자신의 강점이 때로는 약점으로 돌아올 수도 있다는 부분을 조심해야 한다. 가령, 편관은 철저하게 리스크를 관리하게 하고 자기만의 독특한 투자 기준을 가지게 한다. 이 부분은 당연히 장점으로 사용할 수 있으나 자신만의 기준에 함몰되어 남의 이야기를 듣지 않을 우려에 대해 동시에 경계하는 마음을 가지고 부를 축적해야 한다. 장단점이 모두 있으니 잘 조절해서 사용해야 하는데, 이것이 마지막 역량인 '조절역량'이다. 이를 표로 정리하면 다음과 같다.

**[운을 활용한 부의 축적역량 파악]**

| 단계 | 대상 | 십신의 특징 |
|---|---|---|
| 1 | 핵심역량 | 일지日支를 포함해 사주에 1~2개 있는 십신으로 핵심역량으로 삼을 기운 |
| 2 | 부핵심역량 | 일지를 제외하고 사주에 2개 있는 십신으로 핵심역량과 함께 부의 축적에 도움이 되는 기운 |
| 3 | 보완역량 | 사주에 없는 십신으로 의식적으로 보완할 기운 |
| 4 | 경계역량 | 사주의 일지가 아닌 곳에 3~5개 있는 십신으로 관련 문제가 발생되지 않도록 경계해야 할 기운 |
| 5 | 대세역량 | 사주에 6~7개 있어 일지의 십신 여부와 무관하게 핵심역량으로 사용하는 기운. 단, 일간 기준으로 오행이 같으나 음양이 다른 두 십신이 합쳐서 6~7개가 있으면 둘 중 하나를 대세 역량으로 간주* |
| 6 | 조절역량 | 사주에 3~5개 있으나 일지에 있어 핵심역량으로 사용하되 경계하며 적정선을 지켜야 하는 기운 |

주. 예를 들어 정관과 편관이 각 3개, 4개가 있으면 정관과 편관을 각각 경계역량으로 보는 것이 아니라 편관이 7개 있는 대세역량으로 간주한다. 같은 식으로 비견과 겁재가 도합 6~7개가 있으면 겁재를 대세역량으로, 식신과 상관이 도합 6~7개가 있으면 상관을 대세역량으로, 정재와 편재가 도합 6~7개가 있으면 편재를 대세역량으로, 정인과 편인이 도합 6~7개가 있으면 편인을 대세역량으로 간주한다. 통상 둘 중 하나를 선택할 때는 '정'正이 아닌 '편'偏자가 붙은 쪽을 택한다. 많이 있다는 자체가 기울었다는 뜻 (기울 편)이기 때문이다. 식신과 상관 중에는 더 에너지를 쏟는 레벨이 높은 '상관'을, 비견과 겁재 중에서는 나에게 경계심을 더욱 유발하는 '겁재'를 대세역량으로 선택한다.

이 단계에서 궁금한 점이 생길 수 있다. 일지에 위치하지 않았으나 1개만 존재하는 십신은 어떻게 보느냐는 질문이다. 정밀한 사주 분석을 하다 보면 각각의 의미를 찾을 수 있다. 그러나 사주를 통해 자신이 부를 축적하는 관점에서 사용할 강점과 약점을 알아보는 것이 이 책의 목적이자 범위이므로 위의 6대 역량에 대한 부분만 이해하고 적용해도 자존자본을 확립하는 정도로는 문제가 없다는 것으로 대답을 대신한다.

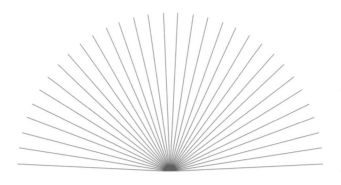

**9**

# 명리의 원리로
# 돈을 끌어당기는 법

이번에는 각자의 확인한 특성에 따라 핵심역량 또는 대세역량으로 파악한 십신은 어떻게 육성할지, 보완역량으로 분류된 십신은 어떻게 보완할지를 살펴보자. 또한 경계역량에 해당하는 십신은 어떻게 관리할지, 조절역량인 십신은 어떻게 육성과 관리를 병행할지에 대해 알아보기로 한다. 나머지 부핵심역량인 십신의 경우에는 핵심 및 대세역량의 내용을 참조한다.

# 정관이 많거나 부족한 사주

정관은 안정된 자기 관리의 힘이다. 내 마음, 내 행동을 통제할 수 있는 능력이 없으면 안정된 부의 축적은 물론이고 모은 돈을 지키는 데에도 불리하다. 정관과 관련된 역량 관리법은 다음과 같다.

## 1. 정관을 핵심 및 대세역량으로 삼는 사람

이런 사람은 돈을 모으려고 할 때, 정석을 지향해야 한다. 부를 축적하는 과정의 70~80%를 저축과 절약으로, 20~30%를 저위험 투자로 구성해야 한다. 정관이란 규정을 준수하는 마음, 자신을 절제하는 마음이기에 주변의 소문을 듣고 고위험 투자를 해도 마음이 불편해 금세 후회하거나 투자를 철회하는 경우도 많다. 직장을 다니는 경우라면 안정적인 조직에서 가급적 정년을 채우며 저축을 열심히 하면서 연금 계획 등을 철저히 해야 한다. 부동산 투자는 안정적인 곳에 해야 하고, 주식은 은행이자보다 높은 수준이라면 만족하는 선에서 절제하는 것을 권한다. 그렇다고 나의 투자가 늘 저수익이라는 것은 아니다. 정석을 지키며 투자하다 보면 때로는 예상외의 수익이 나기도 하지만, 투자 당시의 기대를 과하게 잡지 말라는 이야기이다. 당장은 답답해도 가늘고 길게 정도를 가면 원하는 수준의 부를 축적할 수 있다는 확신이 필요하다.

## 2. 정관이 사주에 없어 보완역량인 사람

정관이 사주에 없는 사람은 일확천금을 경계해야 한다. 투자에 대한 리스크도 본인 기준이 아니라 다른 사람들에게 물으며 정할 필요가 있다. 정관은 자기를 절제하는 기운이자 규율을 준수하는 운이다. 정관이 없어서 보완역량으로 삼아야 한다는 것은 좋게 이야기하면 과감할 수 있다는 것이지만 반대로는 리스크 관리에 대해 의식적으로 관심을 가질 필요가 있다는 이야기다. 편관이 1~2개 있으면 어떨까 궁금할 수 있지만, 편관은 자기 절제를 잘하다가도 간혹 무리한 투자를 하는 경우가 있으므로 편관이 있더라도 정관이 전혀 없는 경우에는 절제하는 투자 습관이 중요하다.

## 3. 정관이 과다해서 경계역량인 사람

정관이 과다해서 경계해야 하는 경우에는 자신을 필요 이상으로 절제하다가 좋은 투자 기회를 놓치지 말아야 한다. 자신을 절제하는 것도 과하면 나아가야 할 때 움직이지 않아 나중에 후회할 수 있다. 무리하지 않는 상식적인 선의 투자 활동은 철저히 공부하고 준비하면 두려워할 일이 아니라는 것을 알아야 한다.

## 4. 정관이 조절역량인 사람

정관이 조절역량인 경우에는 기본적으로는 정관을 핵심 및 대세역량으로 사용하는 경우와 유사하게 안정적인 자산 축적을 권하나 부동산이나 주식에 대한 공부를 겸하면서 작은 금액이라도 재테크를 시도해보며 약간의 수입이라도 거두는 성공 경험을 하기를 권한다.

# 편관이 많거나 부족한 사주

편관은 정관보다 강력한 억제력이다. 정관의 자기 관리력도 있지만 때로는 그 힘이 너무 강해 관리의 방향이 편향될 수 있다. 따라서 편관의 기운을 잘 다루어야 안정적인 부를 축적하고 관리할 수 있다. 편관과 관련된 역량 관리법은 다음과 같다.

### 1. 편관을 핵심 및 대세역량으로 삼는 사람

편관을 핵심 및 대세역량으로 삼는 사람은 자산을 분산투자 하는 것을 권한다. 편관운을 잘 쓰면 자기 절제 및 자산 관리능력이 뛰어나지만 '편'偏이라는 글자가 '기울 편'이기에 자신이 옳다고 생각하는 자산증식의 원칙이 편향되지 않았는지 종종 점검할 필요가 있다. 꼼꼼한 투자는 편관의 장점이지만 자신만의 원칙하에서만 꼼꼼하게 점검하지 말고 다른 사람들의 기준도 폭넓게 들을 필요가 있다. 분산투자를 권하는 이유는 자신도 모르게 편향된 기준으로 투자했다가 큰돈이 묶이거나 의외의 단기 손실을 보는 경우 피해를 최소화하기 위함이다. 정관과 유사하게 저축과 절약을 통한 부의 축적 비율이 70~80% 정도이나, 다른 점으로는 금융투자를 분산하여 여러 투자처에 조금씩 돈을 넣는다면 일부는 의외의 높은 기대수익을 거두는 경우도 있다.

### 2. 편관이 사주에 없어 보완역량인 사람

편관이 사주에 없는 경우에는 정관이 1~2개 있다면 특별히 유념할 것은 없다. 그런데 편관도, 정관도 전혀 없다면 정관이 없는 경우와 같다고 보고 정관이 없는 사람과 같이 일확천금을 경계해야 한다.

### 3. 편관이 과다해서 경계역량인 사람

편관이 너무 많은 경우에는 무리한 투자로 인한 구설수 및 법정 다툼을 조심해야 한다. 편관운은 원래 군軍, 검檢, 경警 등의 강한 조직운을 뜻한다. 따라서 사주에 편관운이 과하다면 재물 투자로 인한 주변과의 다툼이나 송사를 조심해야 한다. 만일 정관과 편관이 혼재해서 그 숫자가 3~5개라도 편관이 과다한 것으로 간주한다. 편관운이 과하면 일지에 있다고 하더라도 일단 무리한 투자로 인한 분쟁을 조심하며 저축과 절약을 우선시할 필요가 있다.

## 4. 편관이 조절역량인 사람

편관이 너무 많은 사람의 경우에 준한다. 일단 편관의 기운이 일정 수준 이상으로 강하면 편향된 방향으로 나를 몰고갈 수 있기에 조심하는 쪽을 우선 고려하기를 권한다.

# 정인이 많거나 부족한 사주

정인은 문서운으로서 부동산과 밀접한 관련이 있다. 또한 공부의 운이다. 요즘같이 변화가 많은 세상에서 돈을 벌려면 늘 공부하지 않으면 안 된다. 돈 공부 그리고 부동산과 관련된 정인은 부자가 되는 길에서 빼놓을려야 뺄 수가 없다. 정인과 관련된 역량 관리법은 다음과 같다.

## 1. 정인을 핵심 및 대세역량으로 삼는 사람

정인을 핵심 및 대세역량으로 사용하는 경우에는 안정적 부동산 투자를 염두에 둘 필요가 있다. 일부의 전망만 믿고 10년 후 개발될지 아닐지 모를 비도심 지역의 토지에 투자하는 것은 권하지 않는다. 정인은 기본적으로 문서운을 뜻하는데, 정인의 '정'正이 '바를 정'자이듯이 요행을 바라기보다 성실히 공부하고 현장 방문을 하면서 남보다 반 걸음만 앞서서 투자한다고 생각하면 된다. 임대사업자 등록을 하고 안정적인 상가나 오피스텔을 임대하는 것도 검토할 수 있다.

## 2. 정인이 사주에 없어 보완역량인 사람

정인이 사주에 없다고 해서 문서운, 부동산 운이 없다고 단정할 필요는 없다. 다만 부동산 계약 시에 한 번 더 조사를 하거나, 계약 문서를 꼼꼼히 읽어보고 사인할 것을 권한다. 늘 공부하는 자세로 투자나 사업 기회에 임하면 정인이 없는 약점을 보완할 수 있다.

## 3. 정인이 과다해서 경계역량인 사람

정인이 너무 많으면 생각이 많아서 결정이 늦어지고 시기를 놓치는 경향이 있다. 기본 소득 이외의 투자 활동을 할 것이면 때로 안전한 규모에서는 과감할 필요도 있다. 만약 고민이 많아서 어찌해야 할 바를 모르겠다면 마음에 확신이 들 때까지는 투자 활동을 잠시 쉬는 것도 무방하다.

## 4. 정인이 조절역량인 사람

정인을 조절역량으로 사용하는 사람은 직장이나 개인 사업의 기존 소득에서 안정적인 현금 흐름을 확보하면서 자신의 이름으로 희망 거주 지역에 주거지를 확보하는 데 모든 노력을 기울일 필요가 있다. 정인을 강점으로 쓰면서도 그 수가 많으면 많이 알면서도 결정 타이밍이 느린 경우가 많다. 머리가 좋은 만큼 고민도 많기 때문이다. 고민이 많은 사람일수록 내 집을 우선 마련해서 심리적 안정을 취한 후에, 여유가 되면 다른 투자처를 고려하도록 한다. 주식의 경우에는 장기적인 안목으로 우량주에 투자하는 것을 권하며 자주 시세를 확인하며 매수·매도를 반복해야 하는 투자처는 적절하지 않다.

## 편인이 많거나 부족한 사주

편인도 정인과 같이 공부이자 부동산과 관련이 있다. 그러나 편향되다라는 '편'偏자의 특성상 독특한 지식이나 차별화 기술, 부동산에서는 경매 등 특수한 분야를 뜻한다. 개성이 강할수록 돈 되는데 유리한 세상에서는 남다른 아이디어가 중요하며 일반 부동산 시장이 불경기라면 아파트 분양 외의 기회들을 볼 수 있는 시각도 의미가 크다. 한마디로 21세기에 빛나는 역량이라 하겠다. 편인과 관련된 역량 관리법은 다음과 같다.

## 1. 편인을 핵심 및 대세역량으로 삼는 사람

편인을 핵심 및 대세역량으로 사용하는 사람은 많은 노력이 들어가지만 수익이 높은 투자에 어울린다. 경매가 대표적인 예이다. 경매는 초기에 공부도 많이 해야 하지만 실제 현장을 가보고 실현차익을 어느 정도 거둘 수 있을지에 대한 현실적인 감도 필요하다. 현재 살고 있는 입주자와 협상이 잘 안 되면 예상외의 비용이 발생하기도 한다. 그러나 편인의 운이란 남들이 하지 않는 것을 많은 시간을 투자해서 이루어내는 힘이다. 남보다 많이 노력하고 요행이 아닌 노력에 의한 투자를 할 수 있는 운이다. 편인을 잘 사용하는 사람은 주식을 해도 많은 공부를 하면서 남들이 간과했던 잠재성장 주식을 발굴할 수도 있다. 그러나 경기가 나쁜 경우에는 개인의 운만으로 대박이 나지 않으니 때로는 쉬어가는 지혜도 필요하다.

## 2. 편인이 사주에 없어 보완역량인 사람

사주에 편인이 없는 경우는 사실 크게 걱정할 필요는 없다. 물론 남들이 못 보는 시각과 그것을 취하려는 끈기 있는 노력이 편인의 장점이지만, 편인이 없는 경우 안정형 투자와 이를 위한 노력이면 충분하다.

### 3. 편인이 과다해서 경계역량인 사람

편인이 너무 많은 경우는 외골수 투자 성향이다. 남들이 아니라는데 혼자서 엉뚱한 투자처를 고집하다가 손해 보는 일이 없도록 눈과 귀를 열고 자신에게 애정을 가진 사람들의 조언에 귀를 기울여야 한다.

### 4. 편인이 조절역량인 사람

편인을 조절역량으로 사용하는 경우에는 일단 자신의 기본 소득처에서 안정적인 소득을 얻을 필요가 있다. 편인이 너무 많으면 나만 고집하는 투자로 인한 손실도 가능하니 기본 생활이 안정된 후에야 금융 투자 등을 고려해야 한다.

# 비견이 많거나 부족한 사주

비견은 나를 돕는 사람이자 네트워크다. 혼자 고민해서 부자가 되려는 사람과 여러 사람의 지식과 기회를 모아 부자가 되려는 사람의 가능성은 다르다. 인맥 없이 큰 부자가 되기 힘들다고 이해하면 쉽다. 비견과 관련된 역량 관리법은 다음과 같다.

## 1. 비견을 핵심 및 대세역량으로 삼는 사람

비견을 핵심 및 대세역량으로 삼는 경우에는 주변 사람들을 통해 좋은 투자 정보를 취득할 수 있는 장점이 있다. 비견이란 나의 형제이자 동료를 뜻하니 먼저 수익을 낸 사람들의 적절한 조언으로 도움을 받을 수 있기 때문이다. 따라서 주변 사람들과 사교의 자리를 많이 만들고 투자로 성공한 사람들의 정보를 얻을 필요가 있다. 단, 나와 이해관계가 없는 사람의 성공 경험을 기반으로 들어야 하며, 이해관계가 있는 사람의 정보라면 조심해야 한다. 믿을 만한 사람의 정보라도 투자 흐름의 후반기에 들어가는 경우가 있으니 판단은 자신의 몫이라는 사실을 잊지 말아야 한다.

## 2. 비견이 사주에 없어 보완역량인 사람

비견이 사주에 없는 경우에는 적절한 수준의 인간관계를 보완할 필요가 있다. 그러나 그 사람들이 나를 위해 중요한 정보를 준다는 기대는 하지 말고, 자신의 판단을 여러 의견을 통해 검토하는 기회 정도로 삼는 것이 낫다.

## 3. 비견이 과다해서 경계역량인 사람

비견이 너무 많으면 동료와 친구가 너무 많으니 도움도 많이 받지만 나누어줘야 할 몫도 크다는 것을 의미한다. 따라서 조금 이기적이더라도 너무 좋은 기회에 대해서는 공유하지 말고, 함께 투자할 때도 조심해야 한다. 주변의 관계를 정보 취득과 확인 정도의 용도로만 활용하는 것이 낫다. 만약 그러한 인간관계의 균형을 유지할 자신이 없다면 지인들과는 투자 이야기를 하지 않는 편이 옳다.

### 4. 비견이 조절역량인 사람

비견이 조절역량이라면 일지에도 나와 음양과 오행이 모두 같은 글자가 있는데 그 외의 자리에도 동일한 글자가 여럿 있다는 것이다. 다시 말해 자신의 자존심, 자존감이 무척 센 사람이다. 남이 이야기해도 잘 안 듣고 놓친 기회가 없도록, 적어도 자신을 아끼고 사랑하는 가족의 투자 관련 조언에는 잘 귀 기울일 필요가 있다.

# 겁재가 많거나 부족한 사주

겁재는 재물을 겁탈한다는 뜻이다. 돈 벌어놓고 빼앗기는 경우는 부자가 되려는 사람이 아니더라도 생각하고 싶지 않은 일이다. 내 돈을 지키기 위해서는 겁재의 속성을 정확히 이해하고 현명하게 활용해야 한다. 겁재와 관련된 역량 관리법은 다음과 같다.

## 1. 겁재를 핵심 및 대세역량으로 삼는 사람

겁재가 핵심 및 대세역량인 경우에는 고위험 투자는 조심할 필요가 있다. 겁재劫財는 나의 재물財을 남이 겁탈劫한다는 의미이기 때문에 사업상이건 부동산이나 주식 투자이건 매사 조심할 필요가 있다. 그러나 겁재가 발달되었기에 본능적으로 나의 위험을 감지하는 예민함도 타고나니 너무 걱정하기보다는 자신의 장점을 잠재된 리스크를 잘 발견하는 것이라고 믿고 그 역량을 개발할 필요가 있다. 그래서 적당한 수준의 리스크 속성을 가진 투자 활동을 하는 것은 무방하다. 다만 투자 중심으로 자산의 대부분을 축적하려는 것은 겁재운의 사람에게는 너무 위험한 일이다.

## 2. 겁재가 사주에 없어 보완역량인 사람

겁재가 사주에 전혀 없는 경우에는 큰 문제는 없다고 본다. 겁재는 나의 재물을 빼앗아간다는 의미이므로 겁재가 없는 것 자체는 우려할 필요가 없다. 그러나 겁재도 없는데 비견도 없다면 비견이 없는 사람의 경우에 준해서 해석한다.

## 3. 겁재가 과다해서 경계역량인 사람

내가 축적한 재산을 남이 빼앗아갈 수 있다는 뜻이다. 따라서 일확천금을 노릴 만한 기회는 내게 없다고 가정하고 매사 조심하고 투자는 저위험 중심으로 접근하는 것을 권한다. 시세가 크게 내리지 않을 것 같은 지역의 아파트 신규 분양이나 매매를 추구하는 정도로 장기적 재테크를 하는 것을 먼저 검토해야 하고, 주식이나 신규 상가 투자 등은 보수적으로 접근해야 한다.

### 4. 겁재가 조절역량인 사람

겁재가 조절역량인 경우에는 겁재가 경계역량인 경우와 유사하게 본다.

# 식신이 많거나 부족한 사주

식신은 한 우물을 파는 힘이다. 성실함인 것이다. 성실을 빼놓고 부자가 되려 한다는 것은 요행을 바라는 것과 같기에 식신은 평범한 사람이 부자가 되기 위한 기본 중의 기본역량이다. 식신과 관련된 역량 관리법은 다음과 같다.

### 1. 식신을 핵심 및 대세역량으로 삼는 사람

식신이 핵심 및 대세역량이면 직장이나 자신의 개인 사업에서 큰 성공을 이루는 것이 최고의 재테크라고 생각해야 한다. 성실함이

쌓이면 어떤 연금보다 낫다는 믿음이 중요하다. 물론 투자 관련 활동을 하지 말라는 것은 아니지만 현재의 일에서 전문가가 되는 것만으로도 노후가 준비될 수 있다는 생각으로 현재 자리에서 최선을 다할 것을 권한다. 투자와 관련된 것을 하려면 아예 본업처럼 성실한 마음으로 접근하면 가능하나 많은 시간과 노력이 필요하기에 본업에 지장을 주지 않는지 늘 돌아봐야 한다.

### 2. 식신이 사주에 없어 보완역량인 사람

사주에 식신이 없다면 어떤 일을 하는 과정이 부족하거나 생략될 때가 있다는 의미가 있다. 현재의 생업이건 투자이건 내 노력이 정말 최선인지 돌아보는 자세가 필요하다.

### 3. 식신이 과다해서 경계역량인 사람

식신이 너무 많은 경우는 어떤 일의 관심사가 다양한 것을 뜻한다. 투자에 있어 동시에 여러 투자를 하다가 자신의 관리 역량을 넘지 않는지 늘 점검하면서 투자 영역에 집중할 필요가 있다.

### 4. 식신이 조절역량인 사람

식신이 조절역량이라면 의욕에 넘치다가 마무리가 부족한 경우가 많다. 자신의 능력에 맞는 투자를 하고 있는지 늘 고민해야 한다.

투자에 대한 아이디어가 없다면 좋은 기회가 올 때까지 현재의 생업에 충실하는 것이 옳다.

# 상관이 많거나 부족한 사주

상관은 열정이다. 때로는 열정이 과해 주변과 부딪힐 정도의 에너지이다. 큰 성공은 큰 에너지를 필요로 하기에 자신의 힘으로 큰 성과를 만들려고 한다면 상관에 대한 이해와 활용이 필수적이다. 상관과 관련된 역량 관리법은 다음과 같다.

### 1. 상관을 핵심 및 대세역량으로 삼는 사람

상관이 핵심 및 대세역량인 사람은 기본적으로 자신의 에너지가 많은 사람이다. 영업직으로 성공하는 사람들 중에 상관의 힘을 잘 사용하는 경우가 많다. 원하는 목표를 두고 심사숙고하며 머뭇거리기보다는 빠른 실행력으로 성과를 내는 것이 상관의 특징이다. 그러다 보니 꼼꼼한 투자 분석이 필요한 투자처는 다소 적절하지 않다. 일단 현재의 생업에서 고연봉을 받는 것을 우선시하되 투자는 실거주 목적의 핵심지역 주택을 관심 있게 볼 필요가 있다. 핵심지역의 경우 분석 정보는 많이 공유되어 있기에 본인이 따로 분석할 필요가 적고, 다만 투자 금액이 얼마나 있느냐의 문제이기 때문이다.

## 2. 상관이 사주에 없어 보완역량인 사람

상관이 사주에 없는 경우 식신만 적절히 있어도 큰 문제는 없다. 식신과 상관이 모두 없다면 식신이 보완역량인 경우에 준해서 생각해야 한다.

## 3. 상관이 과다해서 경계역량인 사람

상관이 너무 많으면 나를 통제하는 관官의 기운을 상傷하게 하니, 절제력이 부족하다. 내가 보기에 적절한 투자라도 남 보기에 무리한 투자는 아닌지 늘 조심해야 한다. 생업에서도 자신의 기분대로 행동하면 손해를 보니 넘치는 에너지를 잘 경계해야 한다.

## 4. 상관이 조절역량인 사람

상관이 조절역량인 경우에는 상관이 경계역량인 경우와 같이 생각한다. 무엇보다 생업에서의 안정을 이룬 후에 재테크에 관심을 둬야 한다.

# 정재가 많거나 부족한 사주

정재는 정해진 재물, 즉 안정된 수입을 뜻한다. 매달 일정한 돈이 들어오는 것은 자존자본의 핵심이다. 큰 부자라도 안정된 현금 흐름은 중요하다. 크기의 차이가 있을 뿐 모든 사람들이 부에 대해 원하는 것이 바로 정재를 확보하는 것이 아닐까? 정재와 관련된 역량 관리법은 다음과 같다.

## 1. 정재를 핵심 및 대세역량으로 삼는 사람

정재가 핵심 및 대세역량인 경우에는 우선 월급의 일정 부분을 저축하는 것이 재테크의 시작임을 알아야 한다. 따라서 월급이건 개인 사업의 소득이건 모두 월급으로 간주하고 그중의 일정 액수를 매달 통장에 넣으면서 종잣돈을 마련해야 한다. 안정형 재테크 사주이므로 우선 내 집 마련을 권한다. 부채가 없는 수준이 되면 다시 다른 지역으로 이사하면서 자산의 가치를 높인다. 부채를 갚으면 다시 다른 집으로 이사한다. 말년에는 집을 매각하고 다시 덜 비싼 집으로 이동하며 매각 차액으로 노후 자금의 일부를 마련한다. 물론 현재 기준의 방법이며 미래에는 부동산보다 더 나은 투자 방법이 있을 수도 있다. 그러나 핵심은 한 계단 한 계단 벽돌 쌓는 마음으로 자산을 늘려야 하며 무리한 투자를 잦은 빈도로 하는 것은 지양해야 한다는 이야기이다. 노년기에 집을 은행에 담보로 잡고 연금을 받는 주택연금도 고려할 수 있다.

## 2. 정재가 사주에 없어 보완역량인 사람

정재가 없는 경우에는 나도 모르게 고위험 투자에 혹하는 마음이 생길 수 있다. 따라서 나의 최종 투자 결정을 같이 검토하거나 조언해줄 가족과 지인이 필요하다.

## 3. 정재가 과다해서 경계역량인 사람

정재가 사주에 과하여 경계역량이 되면 안정된 수익을 매달 가져다주는 투자처를 만들고 싶은 마음이 들 수도 있다. 그러나 세상에 공짜는 없다는 것을 명심하고 약간의 투자로 매달 돈을 준다는 식의 투자처는 꼼꼼히 점검할 필요가 있다. 현재의 생업에서 안정된 현금 흐름을 만드는 것이 재테크의 기본임을 다시 되새겨야 한다.

## 4. 정재가 조절역량인 사람

정재가 조절역량이 되면 정재가 경계역량인 경우와 같이 기본 소득을 안정화시켜야 한다. 그 이후에 안정적인 부동산이나 우량주 중심의 소규모 주식 투자를 고려한다. 투자의 핵심은 은행이자보다 더 벌기만 하면 된다는 선을 지키기를 권한다. 그러면서 성공 경험이 쌓인 후에야 조금씩 기대수익을 높이는 방식이 적절하다.


# 편재가 많거나 부족한 사주

편재는 고위험 고수익의 운이다. 큰 부자가 되려면 편재의 운을 이해하고 사용할 수 있어야 한다. 특히 편재는 크게 들어오는 돈도 뜻하지만 크게 나가는 돈과도 관련된다. 버는 것 못지않게 나가는 돈을 막는 것은 부를 축적하는 데 중요하다. 편재와 관련된 역량 관리법은 다음과 같다.

## 1. 편재를 핵심 및 대세역량으로 삼는 사람

편재가 핵심 및 대세역량인 경우에는 큰 수익을 거둘 수 있는 운이 있는 반면 빠르게 번 돈은 빠르게 나갈 수도 있음을 유의해야 한다. 따라서 돈이 들어왔을 때 나가지 않게 관리하는 것부터 재테크를 시작해야 한다. 기본적으로 편재를 일지에 두고 있으면 큰돈에 대한 욕망이 남다른 경우가 많다. 큰 수익을 번다는 것 자체가 한 번에 대박이 나는 경우만은 아니다. 5년이나 10년 단위로 돌아보면 주위의 비교집단보다 많이 벌 수 있는 운이 있다는 뜻이니 조급해하지 않고 차근차근 부를 추구하는 것이 옳다. 부동산이나 주식, 채권, 경매 등 다양한 투자에 대해 잘 준비하고 접근하면 소기의 성과를 거둘 수 있다. 단, 국내외 경제 전반의 상황에 따라 투자의 완급 조절은 중요하다. 개인의 운이 아무리 좋아도 내가 사는 시공간의 운이 우선이기 때문이다.

## 2. 편재가 사주에 없어 보완역량인 사람

사주에 편재가 없다고 걱정할 필요 없다. 자존자본이 목표라면 정재운만 잘 사용해도 안정적으로 소득을 얻을 수 있고 가늘고 긴 투자 소득은 충분히 가능하다. 게다가 식신과 상관이 잘 발달되어 있으면 성실하게, 열정적으로 일하는 능력이 있는 것이니 어느 정도 이상의 수입은 자연스럽게 확보할 수 있기 때문이다.

## 3. 편재가 과다해서 경계역량인 사람

편재가 너무 많으면 큰 재산 손실의 가능성을 늘 경계해야 한다. 편향된, 편중된 재물이라는 뜻이기에 부의 무게중심이 안정적이지 않은 것이 편재운이다. 상황에 따라 돈 그릇이 흔들거리면 담긴 돈이 넘쳐 흘러나가는 것이다. 따라서 한 곳의 투자처에 전체 자산의 대부분을 투입하는 것은 매우 조심해야 한다.

## 4. 편재가 조절역량인 사람

편재가 일지에도 있고 사주의 다른 곳에도 많아서 조절역량이 되면 편재가 경계역량일 때와 동일하게 본다.

이상으로 십신의 개인별 자산 증대 방법과 주의 사항을 알아보았다. 다음 장에서는 실제 사례를 통해 사주의 이론적 방향성이 어떻게 현실적인 부의 축적에 도움을 주는지 소개해보기로 한다. 자수성가로 자존자본을 확립한 사례들을 기본적으로 소개하지만 일부는 100억 원 이상의 큰 부를 축적한 경우도 있으니 포부가 큰 독자들에게는 좋은 참고가 되리라 믿는다.

# 부자의 길을
# 향해 가는 사람들

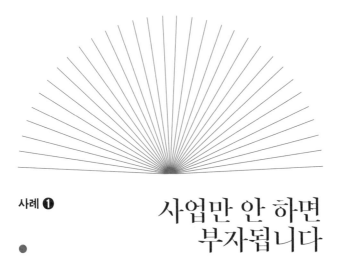

# 사업만 안 하면
# 부자됩니다

A씨는 40대 후반의 중견기업 임원으로 현재 약 40억 원대의 자산을 보유하고 있다. 스마트하고 성실한 사람이지만 그가 처음부터 회사에서 승승장구했던 것은 아니다. 처음 그를 상담했을 때는 30대였는데 외국계 기업의 팀장으로 일하고 있었다. 몇 마디만 주고받았을 뿐인데도 무척 똑똑한 사람이라는 인상을 받았던 기억이 난다. 밤샘 근무를 불사할 정도로 회사에 몸을 바쳐 일했지만, 크게 인정받지 못해, 이제 그만 사업을 하며 제2의 인생을 준비해야 하

나 하는 고민에 빠져 있었다.

그가 내게 물었다.

"저 사업해도 될까요? 40대가 멀지 않았는데 회사생활을 계속해도 괜찮을까 싶습니다. 솔직히 이 회사에서는 제 미래가 밝아보이지 않아서요."

"혹시 사업을 생각하게 된 계기가 있으신가요? 구체적으로 염두에 두고 있는 사업이 있습니까?"

A씨의 사주를 본격적으로 분석하기 전에 심경의 변화를 이끈 주변 상황을 알아보았다.

"친한 친구들이 이른 나이에 사업을 시작했는데 그중 몇몇이 스타트업으로 대박이 났어요. 저는 아직 제 이름으로 집도 한 채 없는데 그들을 생각하니 너무 부러워서 밤에 잠이 안 옵니다. 학생 때는 제가 더 낫다고 생각했는데요. 지금이라도 사업을 해야 하나 싶습니다. 마침 동업하자는 사람도 있고, 투자한다는 선배도 있거든요."

그러나 나는 그가 원하는 대로 "사업을 해도 좋다"는 답을 들려주지 못했다. 대신 "월급받는 사람치고는 부자 소리 들으며 살 수 있다"고 했다. 아마 명리학을 공부하지 않았다면 "너무 욕심내지 말고 자신이 가진 것에 만족하는 것이나 배우라"고 덕담이나 했을 것이다. 과연 그가 월급쟁이로 부자가 되는 것이 어떻게 가능했는지 사주를 한번 살펴보자.

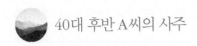 40대 후반 A씨의 사주

사주팔자

|  | 시 | 일 | 월 | 연 |
|---|---|---|---|---|
| 십신 | 비견 | 본인(我) | 겁재 | 정인 |
| 천간 | 甲 | 甲 | 乙 | 癸 |
| 지지 | 戌 | 戌 | 丑 | 丑 |
| 십신 | 편재 | 편재 | 정재 | 정재 |

대운

| 나이 | 79 | 69 | 59 | 49 | 39 | 29 | 19 | 9 |
|---|---|---|---|---|---|---|---|---|
| 십신 | 상관 | 편재 | 정재 | 편관 | 정관 | 편인 | 정인 | 비견 |
| 천간 | 丁 | 戊 | 己 | 庚 | 辛 | 壬 | 癸 | 甲 |
| 지지 | 巳 | 午 | 未 | 申 | 酉 | 戌 | 亥 | 子 |
| 십신 | 식신 | 상관 | 정재 | 편관 | 정관 | 편재 | 편인 | 정인 |

십신역량분석표

| 십신의 개수 | 해당 십신 | 십신 위치 | 해당 역량 |
|---|---|---|---|
| 6~7개 | – | – | – |
| 3~5개 | – | – | – |
| 2개 | 편재 | 일지, 시지 | 핵심역량 |
| 2개 | 정재 | 연지, 월지 | 부핵심역량 |
| 1개 | 비견 | 시간 | – |
| 1개 | 겁재 | 월간 | – |
| 1개 | 정인 | 연간 | – |
| 없음 | 정관, 편관, 편인, 식신, 상관 | – | 보완역량 |

사주 여덟 글자를 분석해보면 나와 상호 지원하는 '비겁'(비견, 겁재)은 각각 하나씩, 나를 지원하는 '인성'(정인, 편인)은 하나만 있다. 반면 내가 통제하는 대상, 즉 취해야 할 재물인 '재성'(정재, 편재)은 4개가 있다. '나를 돕는 기운이 3개 vs. 내가 취하려고 하다 보니 기운을 빼내는 기운이 4개'라고 비교해보면 언뜻 힘의 균형이 맞아 보인다.

그러나 천간에 있는 글자보다 지지에 있는 글자들이 현실적으로 영향력이 더 크다는 것이 사주명리의 견해이다. 따라서 본 사주는 재물을 뜻하는 글자가 4개(정재 2개, 편재 2개)나 되지만 이를 통제하기에 힘이 모자란다고 본다. 이런 경우는 '재다신약'財多身弱, 즉 내 주변에 널린 재물이 많지만財多 이를 차지하기에는 내 힘이 약身弱하다고 본다.

## 사업은 절대 권하지 않는 사주

재다신약인 사람은 섣불리 사업을 하면 돈을 통제할 능력이 부족하여 사업에 실패하거나 돈을 벌더라도 다시 새어나가기 쉽다. 사업을 권하지 않는 이유가 여기에 있다. 반면 사주에 정재나 편재 등의 재물이 많다 보니 돈 욕심은 많다. 종합하면, A씨가 사업으로 성공한 친구들을 부러워하며 사업을 하고 싶은 마음도 사주팔자의 구성 때문이지만, 그렇다고 사업을 하면 망할 확률이 높다는 것도 사주에서 경고하고 있다. 그러면 사업을 안 해야 좋다는 팔자가 어떻게 40억 원 규모의 자산을 모을 수 있었을까?

A씨는 핵심역량이 '편재'이다. 편재가 핵심역량인 사람은 큰돈을 벌 수도 있지만 빠르게 돈이 새어나가는 것도 조심해야 한다. 큰돈을 벌 수 있는 기회에는 돈을 벌어야 하지만 큰돈이 새어나갈 기회는 철저히 차단하는 것이 핵심이다. 사업을 하다 보면 큰돈도 벌 수 있지만 큰 손실도 가능하다. 그렇다고 월급만 모아서는 편재의 역량을 사용하지 못한다. 결국 투자밖에 답이 없게 된다.

다만 '재다신약' 사주는 무리하게 욕심을 내면 돈이 많이 들어와도 많이 나간다. 안정형 투자자산에는 지속적으로 관심을 가지고 정기적으로 투자 활동을 해야 한다. 우량주에 대한 장기투자나 남보다 반 걸음 앞서는 안정형 부동산 매입이 대표적으로 권장될 수 있는 사주 상황이었다. 사업 말고 뭘로 돈을 크게 벌겠느냐고 묻는 A씨에게 "사업을 하지 않더라도 오랫동안 안전한 투자를 제2의 직업처럼 열심히 하면 몇십 억은 벌 수 있다"고 했다. 그는 그 말을 잘 듣고 실천했다. 10여 년이 지난 지금 그는 40억 자산가가 되었다.

여기에 한 가지 더 중요한 것은 부핵심역량인 정재를 잘 활용했다는 점이다. 정재는 안정된 소득, 월급을 뜻한다. A씨는 월급을 아끼고 모아서 종잣돈을 마련하라는 제안도 성실히 따랐다. 안정된 자산에 투자한 것이지만 아직 그의 자산에는 여전히 부채도 많이 포함되어 있다. 원금과 이자를 제때 갚으려면 꾸준히 월급 생활자의 상태를 유지해야 한다. 그는 정재가 2개 있고, 편재가 2개 있는 사주이니 정재 2개에서 종잣돈을 계속 마련하고, 편재 2개에서 큰돈을 지속적으로 버는 구조를 가지고 있는데 본인 스스로 사주에서 제안하는 '부의 공식'에 부합되는 행동을 했던 것이다. 물론 재다신약의 사주이기에 사업만은 하지 말라는 부분도 실천했다.

아쉽게 놓친 고위험 고수익 투자 기회도 있었기에 A씨는 그때마다 연락을 해오며 투자를 해야 했나 하고 물었다. 편재인 사람에게는 물론 그런 기회도 온다. 그러나 이렇게 달래주었다.

"내 운이 아닌 남의 이익에 계속 눈길을 줘봤자 오히려 다른 좋은 기운을 떨어뜨릴 것입니다. 잊으세요."

만일 A씨가 고위험 고수익 투자에서 한두 번 성공했다면 편재의 성격상 더욱 위험성 있는 투자에 발을 들여 상상 이외의 손실이 날 수 있었고, 고위험 투자에 몰두하다 보면 안정된 월급을 추구하는 정재의 마음을 잃게 되어 회사에서의 경력에 문제가 생길 수 있었다. 이런 부분까지 상세히 설명을 듣고서야 A씨는 마음이 편해졌다고 했다.

# 조직에 속할 때 운이 트이는 사람

A씨의 사주를 조금 더 분석해보자. 보완역량 중에서 편인은 없지만 정인이 있기에 인성 계열의 운이 있다. 따라서 편인이 없는 아쉬움은 적다. 그러나 식상(식신, 상관), 관성(정관, 편관)이 없다는 것은 평생 염두에 두어야 한다. 식상이 없으면 행동력이 약한 사람이다. 따라서 사업을 할 때도 실천력이 약하게 된다. 이는 위의 주인공이 사업을 하면 안 되는 또 하나의 이유가 된다. 다행히 직장을 다닐 때에는 조직에 속해 있기에 식상의 능력이 강한 동료의 도움만 잘 받으면 큰 문제가 없다.

관성이 없는 것은 다행히 대운에서 20년간 관성운이 들어와 해결이 된다. 39세부터 정관 10년, 49세부터 편관 10년의 흐름이 있으니 자기 절제력을 부여하는 관성의 힘은 어느 정도 갖춘 상태에서 투자 활동을 할 수 있다. 20대 중후반부터 50대 후반까지 직장 생활을 하는 사주라고 보면 보완역량으로 고민할 부분은 식상이 없는 정도이다. 자기 사업만 안 하고 월급을 꾸준히 안정형 자산에 투자하면 말년까지 60억 원 이상의 자산까지도 축적할 수 있으리라 예상된다.

사례 **❶**에서 배우는

# 재운의 원리

1. 핵심역량인 편재운을 활용하기 위해 정기적으로 투자를 실행했다. 단, 편재의 특성상 돈이 많이 들어오기도 하지만 나가기도 하는 속성을 고려해서 안정형 부동산 자산에만 투자하여 꾸준한 수익률을 확보했다.

2. 부핵심역량인 정재운을 키우기 위해 회사에 계속 다니면서 꾸준한 투자 원금을 확보했다. 또한 회사 생활에서 성공하기 위해 자신에게 없는 식상운에 해당되는 영업 등 현장 관련 분야보다는, 전략기획, 프로젝트 관리 등과 관련한 분야의 커리어를 개발하면서, 직접 현장에서 실행할 사람들을 채용, 유지, 육성하는 방향으로 노력을 투입하여 승승장구했다.

3. 사업으로 성공한 부자들을 보거나, 고위험 투자 기회가 와도 자신이 재물 통제력이 약한 재다신약이자 행동력을 뜻하는 식상이 없는 사주임을 상기하며 절대 사업을 시도하지 않고 직장생활을 유지했다.

더 깊게
알고 싶다면

신강사주身强四柱
vs.
신약사주身弱四柱

어떤 사주 이론서를 보더라도 신강身强, 신약身弱이라는 말을 쉽게 접할 수 있다. 몸이 건강한지 약한지를 뜻하는 것은 절대 아니다. 신체 건강한 운동선수들 중에도 신약사주가 많이 있는 것이 반증이다.

신강, 신약이라는 것은 사주 여덟 글자의 타고난 날의 천간, 즉 일간을 '나 자신'이라고 볼 때 나머지 일곱 글자의 십신들이 나를 지원하는 비견, 겁재, 정인, 편인이 많은지, 아니면 나의 기운을 빼가는 식신, 상관, 정재, 편재와 나의 기운을 억제하는 정관, 편관이 더 많은지를 따져서 전자가 우세하면 신강한 사주이고, 후자가 우세하면 신약한 사주라고 하는 것이다.

단, 천간에 있는 글자보다 지지에 있는 글자의 비중을 훨씬 많이 보고 정한다. 일반적으로 신강이면 식신, 상관, 정재, 편재, 정관, 편관이 필요하고, 신약이면 비견, 겁재, 정인, 편인이 필요하다고 본다.

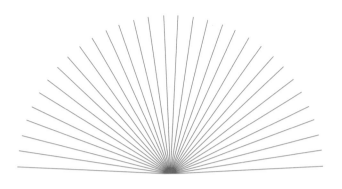

# 주식으로 부를 일군
# 30대 회사원의 사주

C씨는 2018년에 주식으로 재테크에 성공했다. 월급을 따박따박 저축하는 것만으로는 평생 월급쟁이 생활에서 벗어나기 어렵겠다는 생각에, 회사를 다니면서 틈틈이 주식 투자를 했는데 그게 성공을 거둔 것이다. 그는 상반기에 보유한 주식이 목표한 만큼 오르자, 여름이 되기 전에 현금화했다. 그 뒤 얼마 안 있어 주식 시장이 하락장에 들어섰고, 미처 적기에 매도하지 못한 주변의 주식 투자자들 사이에서 혼자만 수익을 손에 쥔 셈이 되었다.

연간 수익률이 150~200% 정도였으니 상대적으로 큰 성공이라고 할 수 있었다. 물론 평소에 투자한 회사에 대해 열심히 연구하고 매일 아침에 경제신문도 읽으며 노력해왔기에 그는 분명 돈 벌자격이 있다. 하지만 C씨는 자신의 운세 흐름을 읽고 매도 시기에 확신을 가진 것 또한 큰 도움이 되었다고 말하고 있다.

## 주식으로 부자가 될 수 있는 사람의 사주

사주를 분석해보면 '편재'를 핵심역량으로 쓰고 있음을 알 수 있다. 편재는 편향된 재물이라는 뜻으로 '고위험 고수익'의 특징을 가지고 있다. 빠르게 큰돈이 벌리기도 하지만 어느 순간 수중에서 돈이 새기도 한다. 편재를 핵심역량으로 사용하는 C씨에게 주식은 신중하게만 접근하면 큰돈을 벌 수 있는 재테크 수단이 된다. 주식은 전형적인 고위험 고수익 재테크 수단이므로 편재의 운과 부합한다.

특히 부핵심역량으로 발달해 있는 정관과 비견은 그에게 큰 강점이 된다. 정관은 큰 조직의 통제를 받는다는 의미도 되지만 자신을 잘 절제한다는 뜻도 된다. 욕심이 날 때 물러날 수 있는 자기억제의 힘이 여기서 나온다. 비견은 형제나 동료를 뜻하기도 하지만

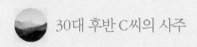

# 30대 후반 C씨의 사주

## 사주팔자

|  | 시 | 일 | 월 | 연 |
|---|---|---|---|---|
| **십신** | 식신 | 본인(我) | 편관 | 정관 |
| **천간** | 丙 | 甲 | 庚 | 辛 |
| **지지** | 寅 | 戌 | 寅 | 酉 |
| **십신** | 비견 | 편재 | 비견 | 정관 |

## 대운

| 나이 | 77 | 67 | 57 | 47 | 37 | 27 | 17 | 7 |
|---|---|---|---|---|---|---|---|---|
| **십신** | 편인 | 정인 | 비견 | 겁재 | 식신 | 상관 | 편재 | 정재 |
| **천간** | 壬 | 癸 | 甲 | 乙 | 丙 | 丁 | 戊 | 己 |
| **지지** | 午 | 未 | 申 | 酉 | 戌 | 亥 | 子 | 丑 |
| **십신** | 상관 | 정재 | 편관 | 정관 | 편재 | 편인 | 정인 | 정재 |

## 십신역량분석표

| 십신의 개수 | 해당 십신 | 십신 위치 | 해당 역량 |
|---|---|---|---|
| **6~7개** | – | – | – |
| **3~5개** | – | – | – |
| **2개** | 비견 | 월지, 시지 | 부핵심역량 |
| **2개** | 정관 | 연간, 연지 | 부핵심역량 |
| **1개** | 편재 | 일지 | 핵심역량 |
| **1개** | 식신 | 시간 | – |
| **1개** | 편관 | 월간 | – |
| **없음** | 겁재, 상관, 정재, 정인, 편인 | – | 보완역량 |

자신과 같은 음양오행인 양의 목의 십신이므로 또 다른 나의 기운이 덤으로 있어 내 힘이 강해진다고도 본다. 따라서 자신의 의지가 굳고 자신을 믿는 힘이 있음을 뜻한다.

정리하면, 주식이 사주에 어울리는 팔자인데 자기 억제력으로 무모한 투자를 삼가고 빠질 때를 알며, 자기만의 투자 원칙을 가질 수 있는 심지도 고루 갖추니 주식으로 재테크하는 것이 순리에 맞는 사람이라고 하겠다.


## 운의 흐름에 따라 재물이 들어오는 시기

2018년 초에 C씨가 찾아왔을 때 그의 질문은 단순하고 명쾌했다.

"현재 투자한 종목들의 흐름이 좋은데 해외 경제신문이나 각종 자료를 보면 적당한 때 매도해야 안전할 것 같습니다. 가을쯤 매도할까 하는데 사주 관점에서는 언제 해야 좋겠습니까?"

2018년은 무술戊戌년으로 C씨에게 무戊도 편재이고, 술戌도 편재이니 자신이 핵심역량으로 삼는 편재의 기운이 강한 시기이다. C씨는 월지와 시지에 자신과 상호 돕는 비견이 자리하기에 신약한 사주가 아니다. 따라서 자신의 운에 따라 들어온 재물을 취할 수 있는 해이다. 그러나 만세력의 월 단위로 2018년 운을 분석해보니 양력으로 8월 초부터 9월 초는 경신庚申월로서 금金의 기운이 아주 강하다. 금의 기운이 강하면 금은 목木을 치는 성질이 있다. 마침 C씨의 힘이 되는 비견이 목의 기운인 인寅이다. 즉, 8월은 자신을 돕는 힘이 약해지니 재물을 취하려고 해도 취할 힘이 없게 되는 시기이다. 그래서 다음과 같이 조언했다.

"양력으로 8월 초가 되면 돈을 취하는 힘이 크게 떨어집니다. 운이라는 것이 갑자기 들고 나는 경우도 있지만 서서히 들어오고 나가는 경우도 있습니다. 안전하게 6월 전후로 매도 시기를 노리시는 것을 권합니다."

C씨는 자신의 지식과 경험으로 분석한 매도 시기와 나의 조언이 같다며 크게 기뻐했고, 상반기가 가기 전에 바로 실행에 옮겼다. 그리고 연말에 전화가 왔다.

"그때 안 뺐으면 큰일 날 뻔했습니다. 감사합니다."

물론 C씨가 명리학의 조언을 잘 따른 것은 그의 현명함이자 운이 좋은 것이라 볼 수 있다. 그러나 이미 합리적인 수준의 고민을 충분히 한 후에 점검 차원에서 사주 분석을 한 부분에 더 높은 점수를 주고 싶다. 사주의 조언이 자신이 해당 분야의 전문지식으로 바라보는 관점과 어느 만큼 일치하고 왜 그럴 것 같은지, 어느 부분이 다른데 혹시 자신이 무엇을 놓쳤는지 등을 고민하는 과정에서 의사결정의 수준을 높일 수 있기 때문이다.

# 부자의 기운은
## 나의 투자관을 세우는 것에서 온다

간혹, 사주만을 맹신하고 투자를 결정하려는 분들이 있다. 아주 위험한 경우라고 말해주고 싶다. 사주 또한 세상에 대한 일기예보와 같은 분석의 도구이지 정해진 미래를 맞추는 요술 방망이가 아니다. 그렇기에 자신의 투자 방향이 없는 상태에서 몇 월이 좋다, 올해가 나쁘다는 식으로만 투자를 하다 보면 운이 나쁜 해에는 사주가 안 좋다는 말을 듣고도 약간 나쁠 것이라는 자가당착에 빠져 손실을 입을 수 있기 때문이다.

논리적인 분석이 먼저인지 운이 먼저인지 묻는다면 그것은 닭이 먼저냐 달걀이 먼저냐의 문제라고 말하고 싶다. 인생의 성공은 노력과 행운의 복합적인 함수이기에 둘 중 어느 하나만이 답이라고 하는 것은 위험한 사고방식이다.

# 재운의 원리

1. 핵심역량이 편재인데 신약한 사주도 아니라서 투자를 통한 재테크가 바람직한 사주이다. 이런 상황에서 마침 본인이 타고난 강점을 살려 주식 투자를 재테크의 핵심 수단으로 잘 선택했다.

2. 아무리 좋은 사주라도 나아갈 때가 있고 물러날 때가 있는데, C씨는 해당 분야의 지식과 경험으로 회수 시기를 스스로 가정한 후, 명리학의 조언을 재확인하는 방식으로 잘 활용하여 주식 경기가 하락하기 전에 매도 타이밍을 현명하게 선택하고 실행에 옮겼다.

# 충沖이란 무엇인가

C씨의 경우 양력 8월에 금이 목을 쳐서 위험하다고 했다. 그런데 이 경우에는 단지 금과 목의 다툼에 더해 인신충寅申沖까지 겹친다. 천간이나 지지의 특정 글자 간에 갈등 구조가 특히 강한 것을 '충'沖이라고 한다.

천간으로는 갑甲과 경庚 사이가 갑경충甲庚沖이고, 다른 예로 을신충乙辛沖, 병임충丙壬沖, 정계충丁癸沖이 있다. 지지로는 이 사례에서 나온 인신충寅申沖, 자오충子午沖, 축미충丑未沖, 묘유충卯酉沖, 진술충辰戌沖, 사해충巳亥沖 등이 있다.

2018년 양력 8월 7일 입추立秋 전후부터 경신庚申월이 시작되니 C씨의 팔자 속에 있는 인寅과 월운의 신申이 부딪히는 인신충의 시기라고 할 수 있다. 그러나 충이 갈등 구조라고 해서 무조건 나쁜 것만은 아니다. 때로는 충돌이 있어야 혁신이 있다. 사주 주인공의 상황이 어떤 상황인지, 신강한지 신약한지 등을 종합적으로 고려해 길흉을 따지는 것이 옳다.

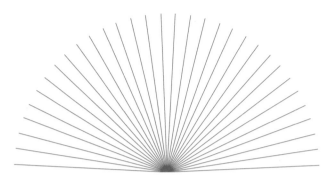

# 명예가 따르는 사람,
# 돈이 새는 사람

50대 후반의 E씨는 중견 기업에서 기술직으로 직장인 생활을 하고 있었다. 보수도 웬만한 유명 대기업 수준이라 특별한 재테크를 하지 않아도 중산층으로 살기에는 큰 문제가 없는 곳이었다. 그러나 업무 강도가 너무 센 데다가 새로 부임한 경영진이 사내 경쟁을 강조해서 예전보다 조직에 애정이 없어지고 있던 참이었다.

사실 그는 업무 능력이 뛰어난 편으로 업계에서도 인정받고 있었다. 외부에서는 "당신 같은 사람이면 프리랜서를 해도 된다",

"그 월급 받고 다니는 것이 아깝다", "주말에 내 일 좀 도와 달라" 등의 이야기를 듣고 있는데 좋게 말하면 칭찬이지만 달리 보면 괜히 현재 직장에서만 열심히 하는 것이 손해 보는 것 같은 마음이 들었다. 물론 그렇다고 사업을 해서 큰 부자가 되려는 생각까지는 없었지만 '내 실력이면 더 벌어야 할 텐데'라는 생각을 했다. 그래서 부업으로 지인들의 일을 도우면서 부수입을 챙기기 시작했다. 생활이 훨씬 풍족해졌고 자신의 능력을 밖에서도 알아준다는 사실에 더욱 자부심이 생겼다.

그러나 E씨의 직장에는 원칙적으로 겸업을 금지하는 취업규칙이 있었다. 그래도 별 문제 없이 몇 년간 돈을 벌어왔다. 그러다가 직장 내 동료와 크게 말다툼을 하는 일이 생겼다. E씨가 워낙 똑똑하고 말주변이 탁월하다 보니 그를 이기지 못한 동료는 분을 삭일 수밖에 없었다.

호시탐탐 그를 물 먹이려 고심하던 끝에 우연히 E씨가 퇴근 후에 이상하게 많이 바쁜 것을 발견했다. 게다가 월요일 오전이면 주말에 못 쉰 사람처럼 더 피곤해하는 것을 눈치챘다. 뒷조사를 하기 시작했고, 그의 겸업을 알아냈다. 드디어 복수할 기회를 잡은 동료는 공식석상에서 겸업 행위를 문제 삼았다. 결국 E씨는 회사와의 합의 사항을 위반한 것으로 판명되어 회사를 떠날 수밖에 없었다.

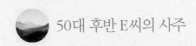 50대 후반 E씨의 사주

## 사주팔자

|  | 시 | 일 | 월 | 연 |
|---|---|---|---|---|
| 십신 | 편관 | 본인(我) | 상관 | 편재 |
| 천간 | 甲 | 戊 | 辛 | 壬 |
| 지지 | 寅 | 寅 | 亥 | 寅 |
| 십신 | 편관 | 편관 | 편재 | 편관 |

## 대운

| 나이 | 71 | 61 | 51 | 41 | 31 | 21 | 11 | 1 |
|---|---|---|---|---|---|---|---|---|
| 십신 | 겁재 | 비견 | 정인 | 편인 | 정관 | 편관 | 정재 | 편재 |
| 천간 | 己 | 戊 | 丁 | 丙 | 乙 | 甲 | 癸 | 壬 |
| 지지 | 未 | 午 | 巳 | 辰 | 卯 | 寅 | 丑 | 子 |
| 십신 | 겁재 | 정인 | 편인 | 비견 | 정관 | 편관 | 겁재 | 정재 |

## 십신역량분석표

| 십신의 개수 | 해당 십신 | 십신 위치 | 해당 역량 |
|---|---|---|---|
| 6~7개 | - | - | - |
| 3~5개 | 편관 | 연지, 일지, 시간, 시지 | 조절역량 |
| 2개 | 편재 | 연간, 월지 | 부핵심역량 |
| 1개 | 상관 | 월간 | - |
| 없음 | 비견, 겁재, 식신, 정관, 정재, 정인, 편인 | - | 보완역량 |

# 나무가 흙을 세게 찍어버리니

이 사례를 드는 이유는 돈이 되는 일이라고 무조건 하다가는 기존의 안정까지 깰 수도 있음을 알리고자 함이다. E씨에게는 이미 중산층 수준의 연봉과 안정된 노후가 보장되어 있었다. 한순간의 판단이 미래를 어둡게 했다. 워낙 능력이 있는 사람이라 다시 일자리를 찾을 수 있겠지만 원래 근무하던 직장이 관련 분야에서는 아주 좋은 대우를 하는 곳이라 결국 재운을 감소시킨 모습이 되었다.

E씨의 '편관'은 조절역량이라 잘만 사용하면 명예가 있는 자리를 지킬 수 있다. 하지만 조절역량의 특성상 너무 욕심을 내면 명예가 깨질 수도 있다. 그러면 어떤 시기에 특히 조심해야 할까?

실제 2016년 병신丙申년에 직장을 떠나게 되었다. 앞에서 충沖에 대해 '더 깊게 알고 싶다면'에서 알아보았듯 신申이란 글자는 양陽의 금金으로서 양陽의 목木인 인寅을 만나면 인신충寅申沖이 일어나 큰 충돌이 생긴다고 했다. 따라서 2016년은 매우 조심해야 하는 해이며 조절역량이자 명예와 직장을 뜻하는 관성官星인 편관偏官이 인신충을 당하게 되니 직장에서 문제가 생긴다고 예상할 수 있다. 신이란 글자는 (2016년 병'신'년의) 하나이고 지지에 인이라는 글자는 3개이다. 그렇게 되면 사실 인신충이 일어나도 인이란 글자가 깨지지는 않는다. 그보다 문제는 인이란 글자를 신이 자극

해놓으면 화가 난 인 3개가 반동을 일으켜 본인을 뜻하는 일간 무 戊를 극하는 목극토木剋土, 즉 나무가 본인인 흙을 세게 찍어버리게 되니 일신상에 흉한 일이 생긴다. 3개의 글자가 나를 치니 이 시기에는 특히 조심해야 한다.

그러면 실제 E씨는 어떻게 해야 했을까? 2016년에 직장에서 안 좋은 일이 있을 것이라 예상이 되었으면 그 전해부터 직장에서 겸손한 태도로 주변과 갈등을 피하고, 회사에서 금지하는 사항을 다시 한 번 체크했어야 했다. 가능한 한 몸을 숙이고 모든 위기의 수를 헤아리며 조심스러운 마음으로 2016년을 맞이했어야 했다.

## 한순간의 선택으로 노후의 재운이 날아가다

E씨는 편재가 부핵심역량이라 금전적으로도 유복한 삶을 살 수 있는 사주이다. 그런데 조절역량을 '잘 조절'하지 못하여 자기 밥그릇을 스스로 걷어차 버렸다. 사실 그는 편재에 해당하는 해亥라는 글자가 일지의 인寅과 합合을 한다. 합이란 복수의 글자가 서로 끌어당겨 인연을 맺는 것이다. 일지는 나를 뜻하는 일간日干의 바로 아래에 있기에 내가 살아가는 현실 세계를 뜻하기도 한다. 그런 나의 현실이 큰 재물을 뜻하는 편재와 합이 되어 있으니 E씨는 사

실 재물 욕심이 큰 사주이다. 그런데 명예를 중시하는 편관을 조절 역량으로 쓰는 사람이니 돈에 대해서 더 조심했어야 했다.

사주를 분석하다 보면 각기 다른 장점이 한데 모이면 조심해야 될 경우가 있다. 명예가 우선인 사람이 돈을 너무 중시하면 종종 흉한 일이 생긴다. 명예를 중시하는 대표적인 직업이 공직, 교육자 등이다. 그런 직업의 종사자는 큰 부자가 되기보다 앞에서 설명한 자존자본을 확보하는 수준만 목표로 하는 것이 좋다.

# 재운의 원리

1. 조절역량의 경우 약이 되기도 하고 독이 되기도 한다. 그러므로 부핵심역량이 재물을 뜻하는 정재나 편재라고 해도 조절역량이 명예를 뜻하는 정관이나 편관이라면 필요 이상으로 재물을 추구할 경우, 명예가 손상될 수 있다.

2. 일지는 나의 현실 세계를 뜻하므로 일지와 합솜한 글자의 십신이 뜻하는 기운은 나와 더욱 밀접하게 작용하니 그 장단점을 면밀히 관찰할 필요가 있다.

# 합合이란 무엇인가

천간의 글자들끼리, 지지의 글자들끼리 충沖을 하며 갈등을 만들듯, 서로 인연이 되어 글자끼리 합하기도 한다. 합은 천간의 경우 갑甲과 기己가 서로 합하며 이를 갑기합甲己合이라고 한다. 같은 식으로 을경합乙庚合, 병신합丙辛合, 정임합丁壬合, 무계합戊癸合 등의 천간합이 있다. 지지 간에도 E씨의 사례에서 본 인해합寅亥合이 있고, 같은 식으로 묘술합卯戌合, 진유합辰酉合, 사신합巳申合, 오미합午未合, 자축합子丑合이 있다.

그런데 지지의 경우 세 글자 간의 합도 존재한다. 신申, 자子, 진辰 세 글자가 모이면 신자진申子辰 삼합三合을 했다고 한다. 같은 식으로 해묘미亥卯未, 사유축巳酉丑, 인오술寅午戌의 삼합이 있다. 또한 12지의 서로 인접한 글자들을 3개씩 묶어서 방합方合이라고 하는데 인묘진寅卯辰, 사오미巳午未, 신유술申酉戌, 해자축亥子丑의 네 경우가 있다.

합의 경우 합한 두 글자, 또는 세 글자는 특정한 기운으로 변하게 된다. 인해합은 목木, 진유합은 금金, 사신합은 수水, 묘술합과 오미합은 화火, 자축합은 상황에 따라 토土 또는 수水로 변한다. 삼합의 신자진은 수水, 해묘미는 목木, 사유축은 금金, 인오술은 화火로 변한다. 방합은 인묘진은 목木, 사오미는 화火, 신유술은 금金, 해자축은 수水의 기운으로 변한다고 본다.

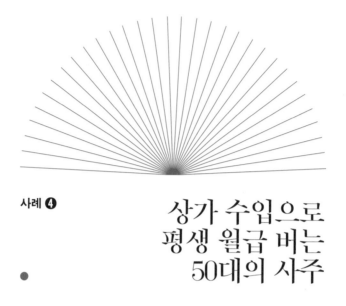

**사례 ❹**

# 상가 수입으로
# 평생 월급 버는
# 50대의 사주

G씨는 젊은 시절부터 부동산 투자에 관심을 기울여 현재는 역세권 요지에 7층 규모의 상가 건물을 보유하며 안정적인 월수입을 확보한 사람이다. 세상 근심 하나 없을 것 같던 그가 어느 날 상담을 청해왔다.

"이 건물을 담보로 대출받아서 사업을 해보면 어떨까요?"

임대료를 합하면 웬만한 대기업 임원 월급 수준의 월세가 매달 나오는 점은 좋은데 최근 집에 목돈 들어갈 일이 생겨 고민하던

차에 친구가 사업을 제안해왔다고 했다. 사업 업종은 친구가 새로 시작하는 입시 학원이며 여기에 투자를 하겠다는 것이었다.

"다른 수입처가 하나는 더 있어야겠어요. 애가 몇 년 후에 유학을 가고 싶다는데 지금 수입으로는 좀 모자라거든요."

G씨의 자식 사랑을 이해 못하는 것은 아니나 본인의 그릇이 그럴 만한지 보는 것이 먼저이다. 잘못하면 그나마 마련한 터전마저 잃을 수 있기 때문이다. 사주를 분석한 후, 이렇게 말했다.

"사업 투자는 위험합니다. 현재의 수입 구조가 사주 구성에 딱 적합합니다."

실망한 표정으로 그는 다시 물었다.

"저는 더 큰돈을 벌 수는 없나요? 애 유학은 어쩌고요."

우리나라 부모의 자식 사랑하는 마음은 존경스럽지만 내가 버텨줘야 자식도 도와줄 수 있다는 점을 많은 이들이 간과하는 것 같아 아쉽다. 그래도 표정이 시원치 않아 보여 좀 더 상세하게 사주에 따른 대안을 제시했다.

"고생이 되어도 아드님이 스스로 유학비용을 마련했으면 하는데 그렇게 두고 보실 것 같지는 않습니다. 담보 대출로 사업을 하느니 적당한 상가 자리나 오피스텔 하나를 더 장만하시고 거기서 나오는 월세로 유학비용을 대십시오. 그리고 장기 대출로 해서 천천히 갚아가시고요. 그 방법은 가능합니다."

이 이야기를 듣고 G씨의 얼굴이 조금 밝아졌다. 왜 그는 사업을 하면 위험하고 안정적인 월세 자산에 투자하는 편이 훨씬 나은지, 다음 페이지의 사주를 한번 살펴보자.

## 정재가 큰 힘을 발휘하면

G씨는 '정재'를 핵심역량으로 쓰고 있다. 정해진 재물이라는 뜻처럼 정재는 월급과 같이 안정된 수입을 뜻한다. 따라서 노후 대책을 월급만큼 월세가 들어오는 상가로 선택한 것은 매우 잘한 결정이다.

그러면 왜 사업 투자는 조심해야 할까? 사주의 부핵심역량이 편재이다. 언뜻 보면 정재가 핵심역량이고 편재가 부핵심역량이니 월급 개념의 상가 월세는 정재, 투자로 큰돈을 버는 것은 편재가 해주지 않을까 생각할 수도 있다. 그런데 이렇게 많은 재물을 취하려면 전제가 있다. 자신에게 그만큼의 큰돈을 차지할 힘이 있어야 한다. 힘이 크느냐 작느냐 여부는 사주에 나를 뜻하는 일간을 지원하는 비견, 겁재, 정인, 편인 등의 비중이 내 기운을 누르는 정관과 편관, 내 기운을 빼가는 식신, 상관, 정재, 편재보다 큰지로 판단한다.

그런데 G씨는 나를 지원하는 기운이 편인 하나뿐이라서 정재,

184

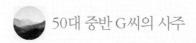

# 50대 중반 G씨의 사주

## 사주팔자

|  | 시 | 일 | 월 | 연 |
|---|---|---|---|---|
| 십신 | 정관 | 본인(我) | 편인 | 정재 |
| 천간 | 戊 | 癸 | 辛 | 丙 |
| 지지 | 午 | 巳 | 丑 | 午 |
| 십신 | 편재 | 정재 | 편관 | 편재 |

## 대운

| 나이 | 77 | 67 | 57 | 47 | 37 | 27 | 17 | 7 |
|---|---|---|---|---|---|---|---|---|
| 십신 | 비견 | 상관 | 식신 | 정재 | 편재 | 정관 | 편관 | 정인 |
| 천간 | 癸 | 甲 | 乙 | 丙 | 丁 | 戊 | 己 | 庚 |
| 지지 | 巳 | 午 | 未 | 申 | 酉 | 戌 | 亥 | 子 |
| 십신 | 정재 | 편재 | 편관 | 정인 | 편인 | 정관 | 겁재 | 비견 |

## 십신역량분석표

| 십신의 개수 | 해당 십신 | 십신 위치 | 해당 역량 |
|---|---|---|---|
| 6~7개 | – | – | – |
| 3~5개 | – | – | – |
| 2개 | 정재 | 연간, 일지 | 핵심역량 |
| 2개 | 편재 | 연지, 시지 | 부핵심역량 |
| 1개 | 편인 | 월간 | – |
| 1개 | 편관 | 월지 | – |
| 1개 | 정관 | 시간 | – |
| 없음 | 비견, 겁재, 식신, 상관, 정인 | – | 보완역량 |

편재 모두를 통제할 정도로 강하지 않다. 앞서 이야기한 신약사주이다. 신약사주가 자신의 능력 이상으로 돈을 너무 탐하면 재다신약財多身弱, 즉 재물이 많아 내 몸의 기운이 약해지는 현상이 되어 결국 금전적인 손해를 보거나 건강이 약화될 수 있다.

따라서 핵심역량인 정재에 집중해서 적당한 안정 수입에만 집중해야 한다. 꼭 더 돈을 벌고 싶다면 역시 안정적 월수입이 들어오는 상가에 추가 투자를 하는 것이 대안이다.


## 사주의 약점을 알고 재운의 문을 열다

사실 G씨가 신약한 사주임에도 핵심역량 정재라도 잘 활용한 비밀은 앞서 '더 깊게 알고 싶다면' 페이지에서 소개한 삼합三合 개념에 있다.

삼합 중에 사유축巳酉丑 세 글자가 모이면 금金 기운으로 변한다고 했다. 위의 사주에서 일지가 사巳, 월지가 축丑으로 삼합의 두 글자가 있다. 이렇게 삼합을 구성하는 세 글자는 모두 없지만 두 글자만 있을 때 반합半合한다고 해서 아주 강하지는 않지만 어느 정도 변하는 오행의 기운을 구성한다. 이 경우에는 사유축 삼합의 반합이니 금金 기운이 보완된다. 본인이 음陰의 수水인 계癸이므로 월간의 신辛, 즉 음陰의 금金 한 글자만 나를 돕는 것으로 보이나 더 살펴보면 삼합으로 인해 금 기운이 더 보완되어 나를 도우니 신약이라도 아주 약하지 않기에 핵심역량 정재 정도는 충분히 내 것으로 취할 수 있는 사주가 된다.

상담을 마칠 때 G씨는 사업 투자는 하지 않겠다고 했다. 돈이 더 필요하면 상가 투자만 장기적으로 고려하겠다고 했다. 현명한 판단이다. 더욱 그 판단이 중요한 이유가 있다. 2019년 기해己亥년은 내 핵심역량인 정재이자 삶의 기반인 일지日支에 위치한 사巳가 기해년의 해亥라는 글자와 사해충巳亥沖을 하게 되어 혼란의 한 해가 되기 때문이다. 정재가 충을 맞으면 금전적 손실이 있을 수 있고, 더구나 일지에 있는 경우 삶에 변화나 고민, 건강 약화 등이 올 수 있기 때문이다. 이런 해에는 새로운 투자를 하여 일을 벌이는 것은 권장하지 않는다.

# 재운의 원리

1. 자신의 핵심역량인 정재에 걸맞게 안정형 상가에 투자하여 월급 수준의 돈을 정기적으로 벌고 있다.

2. 아무리 핵심 또는 부핵심역량이더라도 신약한 사주에서 무리하게 재물을 추구하면 곤경에 빠질 수 있다.

3. 특히 일지에서 충이 발생하는 시기에는 여러 가지를 신중하게 검토할 필요가 있다.

더 깊게
알고 싶다면

# 용신用神이란 무엇인가

사주를 심도 있게 공부하면 빠지지 않는 용어가 '용신'이다. 한마디로 내가 의미 있게 사용하는用 기운神이라는 뜻이다. 신강한 사주는 내 기운이 넘치기에 기운을 억제하는 정관이나 편관, 기운을 빼주는 식신이나 상관, 정재, 편재 중에서 내가 의미 있게 사용할 용신을 선택한다.

신약한 사주는 내 기운이 모자라기에 기운을 보태주는 비견, 겁재, 정인, 편인 중에서 용신을 선택한다. 만약 너무 추운 겨울에 태어났으면 따뜻함을 주는 화火 또는 목木 중에서, 너무 더운 여름에 태어났으면 차가운 기운인 수水나 금金을 용신으로 고려할 수 있다. 그런데 용신을 너무 도식적으로 선택하면 곤란하다. G씨의 경우 신약한 사주라 일간 계癸를 돕는 금이나 수가 용신일 것 같다.

그러나 기해년의 해亥는 수의 기운이지만 사해충을 일으켜 핵심역량을 공격하고 게다가 그 자리가 일지라서 삶의 기반에 변동을 준다. 따라서 용신은 상당히 종합적으로 결정해야 한다. 명리학계에서는 용신을 잊어야 용신이 보인다는 말이 있을 정도이다.

사례 ❺

# 사장님은
# 해도 좋습니다.
# 위에 회장님이
# 있다면요

B씨는 서울에서 고급 레스토랑 직영점을 5개 운영하고 있는 성공한 사업가이다. 다만 아직 수백억대의 재산을 모은 상황은 아니다. 과거 다른 사업에서의 손실을 메우느라 현재 사업의 수익이 많이 사용되었던 것이 하나의 이유이다. 그러나 또 다른 숨은 이유가 있다. 바로 자산 투자자가 따로 있고 B씨는 운영만 대행해서 수익을 투자자에게 많이 배분하기 때문이다.

서울 시내의 요지에만 개업하였고, 각 업장의 규모가 매우 크기 때문에 투자자의 참여는 합리적 선택이라고 볼 수도 있다. 반면 레스토랑이 성공적으로 운영되고 있는 만큼, 투자금을 갚고 직접 B씨가 경영해도 되지 않을까 하고 생각하는 사람들도 많다. 실제 B씨는 수년 전 창업 초기에 이런 상담을 청해왔다.

"레스토랑 사업을 하고 싶은데, 처음엔 아무래도 리스크가 부담되고 개인적으로 현금도 부족하니 일단 외부 투자자에게서 자금을 조달하고, 사업이 잘되면 두세 번째 매장부터는 직접 투자를 하면 어떨까요?"

"첫 업장만 그럴 것이 아니라 앞으로 계속 그렇게 해야 합니다."

이 조언에 B씨는 내심 실망하는 눈치도 있었다. 한두 곳만 자리 잡으면 그다음부터는 본인 지분을 투자하기 시작해서 부의 상승곡선을 가파르게 그리고 싶었을 것이다. 그러나 사주팔자의 속살을 들여다보면 B씨가 이른바 '지르고' 싶은 마음을 참아야만 한다는 것을 알 수 있다.

십신 분석을 해보면 가장 눈에 띄는 것이 '조절역량'인 편관 3개이다. 조절역량은 사주에 3~5개 있어 경계역량으로 분류될 수 있으나, 그중 한 글자가 일지에 있어서 핵심역량으로 사용될 수 있는 경우이다. 즉, 사용과 경계를 겸해야 하기에 '적당히 잘' 사용하라는 의미로 조절역량이라고 부른다고 했다(2장 참조). B씨의 사주에서 특히 주목할 점은 십신 중에서 '편관'이 조절역량이 되었다는

191

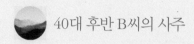 40대 후반 B씨의 사주

## 사주팔자

|  | 시 | 일 | 월 | 연 |
|---|---|---|---|---|
| 십신 | 편재 | 본인(我) | 정관 | 편관 |
| 천간 | 壬 | 戊 | 乙 | 甲 |
| 지지 | 子 | 寅 | 亥 | 寅 |
| 십신 | 정재 | 편관 | 편재 | 편관 |

## 대운

| 나이 | 72 | 62 | 52 | 42 | 32 | 22 | 12 | 2 |
|---|---|---|---|---|---|---|---|---|
| 십신 | 정재 | 편재 | 상관 | 식신 | 겁재 | 비견 | 정인 | 편인 |
| 천간 | 癸 | 壬 | 辛 | 庚 | 己 | 戊 | 丁 | 丙 |
| 지지 | 未 | 午 | 巳 | 辰 | 卯 | 寅 | 丑 | 子 |
| 십신 | 겁재 | 정인 | 편인 | 비견 | 정관 | 편관 | 겁재 | 정재 |

## 십신역량분석표

| 십신의 개수 | 해당 십신 | 십신 위치 | 해당 역량 |
|---|---|---|---|
| 6~7개 | – | – | – |
| 3~5개 | 편관 | 일지, 연간, 연지 | 조절역량 |
| 2개 | 편재 | 월지, 시간 | 부핵심역량 |
| 1개 | 정재 | 시지 | – |
| 1개 | 정관 | 월간 | – |
| 없음 | 비견, 겁재, 식신, 상관, 정인, 편인 | – | 보완역량 |

점이다. 왜냐하면 편관의 '관'官은 조직운을 뜻하기에 사업보다 조직생활에 더 잘 맞는 경우가 많으며, 편관의 '편'偏은 '편중되었다', '한 방향으로 기울었다'는 의미이기에 때로는 큰돈이 들어올 수도 있지만, 한번에 돈이 샐 수도 있다. 정리하면 개인 사업보다는 조직 내에서 역량을 발휘하는 것이 적당하며, 돈 욕심을 내더라도 무리하면 손실 위험이 남보다 크다는 것이 사주에 들어 있다.

## 남의 돈 그릇을 이용해 사업에 성공하다

다시 B씨의 질문으로 돌아가보자. 요식업이 처음이다 보니 첫 업장만 남의 도움을 받고 그다음부터는 빚을 내더라도 자신의 이익 폭을 넓히기 위해 위험을 감수한다는 것이다. 혼자 일하는 것보다 조직 아래에서 일하는 것이 유리하고, 무리하게 돈 욕심을 내면 한번에 손실을 입을 수 있는 편관을, 그것도 핵심역량이 아니라 경계를 해가며 사용해야 할 조절역량으로 타고났다.

이미 여기에서 답이 나왔다. 자영업을 할 수밖에 없는 현실이더라도 조직 속에서 일하는 것과 가장 유사한 상황이 바로 투자자의 영향 아래 일하는 것이다. 게다가 첫 업장의 사업모델이 자신은 운영만 하고 투자자가 자산에 대한 모든 위험을 감수하는 형태이다.

물론 B씨가 노력의 대가로 가져가는 실익은 본인 지분이 없다 보니 적을 수밖에 없다. 그러나 생각을 바꾸어보자. 자신이 사장 명함을 가지고 책임감 있게 일하는 대기업 고위 임원이라고 생각하면 동년배의 회사원이 마케팅팀이나 영업팀에서 일하는 경우보다는 훨씬 소득이 많다. 따라서 향후 확장 전략에서도 동일한 방식을 계속 유지해야 한다.

실제로 B씨는 같은 방식으로 서울 시내에 5개의 레스토랑을 오픈했다. 세 명의 서로 다른 투자자가 특정 매장에만 100% 투자하는 방식으로 자금을 조달했다. 1호, 2호 매장은 한 사람에게서 전량 투자를 받았고, 3호 매장은 다른 사람에게서 전량 투자, 최근의 4호, 5호 매장은 제3의 투자자에게서 모든 투자를 받았다. 사주에 정관과 편관이 모두 있다 보니 자신이 모시는 조직, 윗사람을 뜻하는 관운이 복잡하다는 의미다. 정관과 편관이 둘 다 있는 경우 '정편관혼잡'이라고 해서 한 조직에만 오래 다니기가 쉽지 않거나, 한 조직 안에서도 두 명 이상의 윗사람으로 인해 갈등이 생기기 쉬운 구조로 본다.

따라서 세 투자자가 각 매장에 혼합된 지분으로 투자하게 되면 B씨가 투자자를 관리하는 방식에 혼선이 생길 수 있다. 지금의 자금 조달이 가장 이상적이다.

# 욕망과 타고난 사주 간의 화해가 필요할 때

이 책을 집필 중에 B씨가 다시 상담을 요청했다. 5개 매장까지는 본인이 밤잠 설쳐가며 안정적으로 잘 관리하고 있는데 여섯 번째 매장부터는 자신이 손오공처럼 분신술을 쓰지 않는 한 완벽한 관리가 어려울 것 같다고 했다. 업장의 특징이 이틀만 사장이 방문을 안 해도 관리의 허점이 보인다고 했다. B씨의 방향도 결국 사주 구성에서 찾아야 한다. 그에게 이렇게 말했다.

"혼자 사업을 하면 안 되는 팔자, 무리하게 투자해도 안 되는 팔자입니다."

그러면 답은 몇 가지 중의 하나다. 첫째, 욕심을 줄이고 확장을 안 하면 된다. 둘째, 다음 매장에서는 매출을 크게 기대하지 않으면 된다. 셋째, 다음 매장의 콘셉트를 기존과 다르게 대표가 관리를 일주일에 한 번만 해도 되는 형태로 메뉴를 구성하거나 매장 규모를 축소하면 된다. 넷째, 다른 사람에게 프랜차이즈를 주되 어차피 자산 투자도 자신이 하면 안 되니 아주 작은 로열티만 받으면 된다.

물론 이 네 가지 답 중에 B씨가 원하는 객관식 답안은 없었다. 그래서 지금이 나의 욕망과 타고난 사주 간의 화해가 필요한 때라고 했다. 이 고비를 넘기면 자존자본 수준을 훨씬 상회하게 돈을 벌더라도 남 눈치 안 보는 마음의 평화를 얻을 것이다. 만약 자신의 욕망을 따른다면 롤러코스터 타는 마음으로 스트레스에 휩싸인 삶을 살 것이며 노력 대비 성과도 더딜 것이라 말해줬다.

선택은 개인의 몫이지 역술인의 몫이 아니다. 그러나 욕망을 줄이는 것이 행복의 척도라는 사실은 자신 있게 이야기해줄 수 있다. 개인적인 철학을 한 가지 피력하자면, 역술인으로서 도움을 청하는 사람이 자존자본을 달성하게 돕는 것은 사명이라고 생각하지만, 그 이상의 잉여 이익을 추구하는 사람까지 도와주는 것은 당사자의 마음이 욕망을 통제하는 능력이 있을 때에만 해주고 싶다.

사례 **5**에서 배우는

# 재운의 원리

1. 조절역량인 편관운이 가진 한계를 스스로 인식하고 투자자를 위에 두고 직장 상사 모시듯이 일해서 자기 사업을 하고 싶은 자아실현 욕구를 채웠다. 한편으로 일정 소득 이상을 확보하여 착실히 자존자본을 확립해나갔다.

2. 부핵심역량인 편재가 가지는 긍정적 측면(큰돈)과 부정적 측면(쉽게 현금이 새어나갈 수 있음)을 모두 고려하여 자기 자산을 투자하지 않고 이익이 작더라도 리스크 관리를 철저히 하며 성장 전략을 추구했다.

더 깊게
알고 싶다면

# 사주와 업종

사주를 통해 어떻게 나에게 맞는 업종을 알 수 있을까? 사주에서 핵심역량에 해당하는 글자나, 사주 전반적으로 아주 강한 대세의 기운을 이루고 있는 글자를 먼저 찾자. 그 후에 그 글자의 오행五行을 극훼하는 글자와 관련된 직업은 피하는 것이 좋다.

앞서 설명했던 상생상극도를 떠올리며 같이 살펴보자.

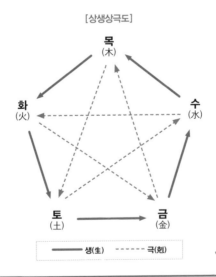

[상생상극도]

가령 사례5의 주인공에게 중요한 조절역량인 편관이 갑甲과 인寅을 뜻하니 목木의 기운이다. 게다가 사주에 수水도 있어 나무가 더욱 강해졌고, 정관 을乙도 목이다. 이런 사주에 뻗쳐나가는 나무의 기운을 찍어내는剋 금金의 강한 기운은 오행의 대세를 거부하기에 흉凶하다고 본다. 따라서 금의 기운에 해당하는 직업은 하면 안 된다. 금속성인 기계 관련 직업, 귀금속 관련 직업은 반대한다. 공교롭게 B씨의 첫 사업 아이템은 금속 액세서리 관련 업이었다. 업계에 혁신적인 아이디어를 불러왔다는 평을 받았지만 파트너를 잘못 만나 고생만 하고 남에게 사업을 넘겼다.

참고로, 목木의 직업은 생명을 다루고 키우는 의료, 교육 쪽이 잘 맞는다. 화火의 직업은 화려함을 추구하니 미용, 예능 쪽이 잘 맞고 또한 불이라는 에너지가 외부로 방출되니 말을 많이 하는 형상이라고 해서 교육, 방송, 언론, 영업 등의 업종도 어울린다.

수水의 직업은 물이 지혜를 뜻하니 연구직, 기획직이 좋고, 물이 또한 흐르는 존재이니 유통업도 고려할 수 있다. 혹자는 술장사가 물장사라고 하나 술의 속성은 뜨거운 불이니 꼭 물이 많다고 주류업을 하는 것은 아니다. 그러나 임상적으로 유흥업 종사자 중에 수水가 많은 것도 사실이니 연구 대상이다.

토土의 직업은 땅과 관련된 부동산업도 적합하고, 흙이란 어떤 대상간의 매개 장소이니 중개업 전반에 적합하다. 다른 사람을 돕는 자문업도 가치를 중개한다는 의미에서 토의 직업으로 보기도 한다.

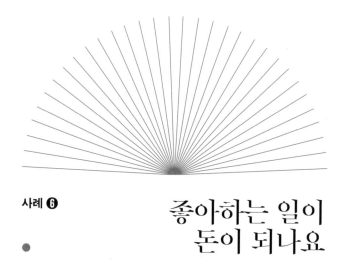

# 좋아하는 일이
# 돈이 되나요

K씨는 30대 초반의 스타트업을 운영하는 여성이다. 그녀는 20대부터 선배들이 운영하는 의류회사의 디자이너 생활을 하다가 2년 전 독립했다. 워낙 실력이 남달라 신입 때부터 업계에 그녀의 소문이 퍼졌을 정도였고, 그런 그녀가 독립을 했으니 생각보다 사업이 빨리 자리를 잡아가고 있다고 했다. 그런데 행복하기만 해야 할 얼굴에 근심까지는 아니지만 무언가 불편한 기운이 있는 상태로 상담을 청해왔다.

"작년에 다소 불안정한 운이 있기는 하지만 그래도 그럭저럭 나쁘지 않았을 텐데 무엇이 고민이신지요?"

나의 물음에 그녀는 조금 주저하다가 답을 했다.

"네, 사업 초기라 몇 가지 진행되다가 중단된 프로젝트들은 있었지만 그래도 수입은 괜찮았습니다. 그런데 사업을 안정화시키는 게 우선이라 돈 되는 디자인 의뢰만 먼저 받아서 진행했어요. 그러다 보니 내가 원하는 스타일의 디자인을 하고 싶은데 그러면 또 수입이 줄어들까 고민이 되네요."

독립을 한 이유도 단지 돈 때문만은 아니고 자신만의 디자인을 하고 싶은 이유도 있었는데 막상 창업을 하고 나니 돈이 먼저여서 이제는 나만의 스타일을 다시 찾아야 하나 고민이 된다고 했다. 젊은 창업가로서 너무 당연하고 의미 있는 갈등이라고 생각되었다.

그러나 사주 상담에서 개인의 가치관의 옳고 그름에 대해서 이야기하는 것은 본래의 영역을 넘어서는 일이다. 젊은 나이이니 꿈이 먼저라고 이야기하는 것은 원래 알던 친구들도 할 수 있는 조언이고, 일단 몇 년은 돈 되는 일만 하라고 하는 조언도 굳이 사주를 봐야 알 수 있는 일은 아니다. 더 고민하지 않고 그녀의 사주를 분석하기 시작했다.

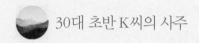
30대 초반 K씨의 사주

## 사주팔자

|  | 시 | 일 | 월 | 연 |
|---|---|---|---|---|
| 십신 | 겁재 | 본인(我) | 정인 | 편관 |
| 천간 | 乙 | 甲 | 癸 | 庚 |
| 지지 | 丑 | 申 | 未 | 午 |
| 십신 | 정재 | 편관 | 정재 | 상관 |

## 대운

| 나이 | 74 | 64 | 54 | 44 | 34 | 24 | 14 | 4 |
|---|---|---|---|---|---|---|---|---|
| 십신 | 겁재 | 식신 | 상관 | 편재 | 정재 | 편관 | 정관 | 편인 |
| 천간 | 乙 | 丙 | 丁 | 戊 | 己 | 庚 | 辛 | 壬 |
| 지지 | 亥 | 子 | 丑 | 寅 | 卯 | 辰 | 巳 | 午 |
| 십신 | 편인 | 정인 | 정재 | 비견 | 겁재 | 편재 | 식신 | 상관 |

## 십신역량분석표

| 십신의 개수 | 해당 십신 | 십신 위치 | 해당 역량 |
|---|---|---|---|
| 6~7개 | − | − | − |
| 3~5개 | − | − | − |
| 2개 | 편관 | 연간, 일지 | 핵심역량 |
| 2개 | 정재 | 월지, 시지 | 부핵심역량 |
| 1개 | 상관 | 연지 | − |
| 1개 | 정인 | 월간 | − |
| 1개 | 겁재 | 시간 | − |
| 없음 | 비견, 편인, 식신, 편재, 정관 | − | 보완역량 |

핵심역량으로 '편관'을 쓰고 있다. 편관이란 군인, 검찰, 경찰과 같이 엄격한 규율을 강조하는 조직을 뜻하는 관운官運이다. 나를 뜻하는 글자의 바로 아래인 일지에 편관을 둔다는 것 자체가 나를 강력하게 통제하는 심성을 지녔다는 뜻이다. 게다가 편관을 핵심 역량으로 쓴다면 자신을 엄격하게 다루면서 맡은 바 임무를 성실 히 수행한다는 뜻이다. 그동안 K씨가 일을 잘해왔던 이유를 알 것 같았다. 윗사람이, 고객이 부탁한 일은 밤을 새워서라도 해내는 책 임감이 그녀를 젊은 나이에 인정받는 디자이너로 만든 것이다.

부핵심역량으로 정재를 사용하는데, 정재는 '정해진 재물', 즉 위험을 감수해서 버는 돈이 아니라 월급이나 안정된 사업을 통해 고정적으로 들어오는 돈을 뜻한다. 따라서 K씨가 위험을 추구하 면서 돈을 버는 행동을 하는 것은 본인의 마음에 편치 않다는 것 을 뜻한다. 그러면 그녀가 자신만의 디자인을 하고 싶은 바람은 어 디서 비롯될까?

연지에 상관傷官 오午가 있다. 말띠해를 뜻하는 '오'라는 글자는 아주 강한 불의 에너지이다. 게다가 태어난 시기가 미월未月이니 한여름이다. 한여름의 말띠는 화火의 기운이 강해진다. '에너지 발 산'과 '표현력'을 뜻하는 상관의 힘이 왕성해지니 그녀가 자신만 의 디자인을 하고 싶은 욕구가 생겨난다. 물론 편관의 통제력, 정 재의 안정성이 우선이기에 그동안 개인적 바람은 잠시 뒤로 하고 인정과 안정을 추구하는 삶으로 성공적인 경력을 쌓아왔다. 그러나 자아실현과 실리추구 사이의 고민을 이제는 정리하고 싶다는 것이다.

## 꿈이 돈이 되는 순간

사주 상담으로 K씨에게 줄 수 있는 도움은 명확하다. 우선 그녀가 타고난 장점이 무엇이고 왜 지금의 마음이 생겼는지 설명하는 것이다. 또한 K씨의 사주에서 비롯된 사항들은 하나를 버리고 다른 하나를 선택하는 것이 아니라, 내가 모두 안고 살아가야 되는 것임을 알려줄 수 있다. 그래서 이렇게 이야기했다.

"자기 절제력이 매우 뛰어나서 업무적으로 늘 인정을 받는 장점이 있고, 무모한 도전보다는 안정된 이익을 추구하니 젊은 나이에 아주 실속 있는 사주입니다. 그런데 자신의 강한 개성도 존재하지요. 나의 개성을 발휘하면 절제와 안정을 추구하는 것과는 사뭇 거리가 있다 보니 개성을 다소 참고 살게 되는 팔자입니다."

그녀는 그래서 어떻다는 건지 다소 불만인 표정이었는데 다음의 이야기를 듣고서야 조금 얼굴이 밝아졌다.

"그런데 절제와 안정이 내 사주의 장점이고 살아가는 생계의 수

단입니다. 반면, 나를 표현하고 싶은 욕망은 내 삶에 영원히 존재하는 이루지 못한 꿈입니다. 둘 다 함께 가는 인생이지요. 그래서 사주에서 조언할 수 있는 것은 이렇습니다.

첫째, 사람은 먹고살아야 꿈도 꿀 수 있습니다. 충분히 많은 돈을 벌기 전에는 인정받을 수 있는 일을 하고, 안정된 삶을 살아가십시오.

둘째, 이제는 어느 정도 금전적으로 여유가 생겼다고 생각될 때 하고 싶은 디자인도 가끔씩 하십시오. 그때는 철저히 돈보다는 상업 예술가로서 브랜드 이미지를 쌓는 방향으로 해야 합니다. 남이 보면 전혀 돈을 추구하지 않는 디자인같이 보일 정도로요. 그러면 내 마음의 만족도도 커지고, 명예도 높아집니다. 그렇게 높아진 평판으로 다시 상업적인 디자인을 해서 돈을 더 많이 벌면 됩니다."


## 남의 길이 좋아보여도
## 내 길이 아니면 그만이다

한마디로 말하면 이제 갓 30대에 진입한 시기에는 하고 싶은 것을 하지 말라는 뜻이었다. 물론 젊은 나이에 하고 싶은 일을 무조건 참아야 한다는 것이 아니다. K씨의 사주는 편관과 정재를 중요하게 사용해야 되기에 다른 사람을 만족시켜주고 자신의 삶이 안정되지 않으면 원하는 일을 해도 금세 불안함이 엄습할 수 있다.

사주 구성에 따라 방향이 다른 것이지 정해진 삶의 원칙 같은 것은 없다. 남의 길이 좋아보여도 내 길이 아니면 그만이고 내 길을 즐겁게 가는 것이 사주가 우리에게 바라는 것이다. 다행히 그녀는 내 이야기를 듣고 한결 마음이 편해졌다며 웃으며 자리에서 일어났다. 사실 돈이 먼저냐 꿈이 먼저냐를 고민한다는 것 자체가 사주를 떠나 남의 이목과 안정감을 어느 정도 의식하기 때문일 것이다.

그래서 상담의 결과를 어느 정도 예상은 했다. 그러나 사주를 분석하기 전에 경험으로 넘겨짚어 생각하는 것은 사주명리 상담의 금기禁忌이다. 이것이 더욱 꼼꼼히 K씨의 사주를 분석한 이유이다. 그녀가 언젠가는 돈도 많이 벌면서 자신이 원하는 디자인도 하는 삶을 살기를 바란다.

# 재운의 원리

1. 핵심역량인 편관과 부핵심역량인 정재가 사회생활에서 인정받고 성과를 거두는 동력이 된다.

2. 사주명리에서 인간은 자연의 일부로서 생명을 연장하는 활동이 가장 중요하다. 그러므로 의식주 확보에 유리한 방법을 상담에서 우선 고려했다. 만일 K씨의 핵심역량이 상관이었으면 자신의 에너지를 발산하며 원하는 디자인을 하는 것도 성공의 방법이 될 수 있다.

# 상관傷官은 나쁜 것인가

상관은 '관'官을 '상'傷하게 한다는 뜻이다. 그래서 사주 공부를 처음 하는 분들은 사주에 상관이 있으면 '관'이 조직을 뜻하니 조직에서 융화를 못하고 조직에 해를 끼치는 것이 아닌지 묻는다. 게다가 여성에게 '관'은 남편을 뜻하기도 하니 남편복이 없는 것이냐고도 궁금해한다.

대답은 '절대 아니다'이다. 관을 상하게 한다는 것은 '자신을 통제하는 것들과 의견이 대립될 수 있다'는 정도가 정확한 해석이다. 에너지와 표현력이 강해서 조직의 일방적인 명령에 대해서는 다른 의견도 가질 수 있고, 남편이 가부장적으로 고압적일 때 수용하고 싶지 않은 정도가 더 클수는 있다.

그러나 21세기의 회사에서 변화와 혁신을 추구하는 데 상관의 기운이 없으면 '예스맨'이 되어 발전이 없고, 더구나 그 누구라도 소통하지 않고 고집불통인 배우자를 환영할 리가 없다. 오히려 상관의 에너지를 잘 활용해야 큰 성공이 가능하다. 사주에 절대로 좋고 절대로 나쁜 기운은 없다. 때와 장소에 따라 서로 다른 결과만이 있을 뿐이다.

# 주변 사람만
# 조심하면
# 안정된 노후

D씨는 30년간 착실하게 직장을 다니며 본인 명의의 아파트도 일찌감치 장만하고 이제는 상가 투자까지 관심을 넓혀 안정적인 노후 재테크를 준비한 상태였다. 그런데 이 사주에는 아주 조심해야 할 요소가 있다. 뒤에 소개된 D씨의 사주와 함께 살펴보자.

'겁재'가 3개나 있다. 겁재란 형제나 동료, 기타 주변 사람들이 내 재물을 겁탈한다는 뜻이다. 그러기에 내 이익에 더 민감하게 반응하는 장점도 있지만 글자 그대로 조심해야 할 기운임에는 틀림

없다. 다행히 일지에도 겁재가 있기에 '조절역량'이라 조심해가면서 사용하면 자신의 장점이 될 수 있다. 그러나 몇 년 전 D씨가 상담을 요청했을 때는 안타깝게도 겁재로 인해 크게 고생하던 시기였다.

"선생님 사주는 주변 사람만 조심하면 일생에 큰 걱정이 없는 팔자인데 어떤 일로 오셨습니까?"

이 말을 마치기 무섭게 D씨는 한숨을 쉬며 말했다.

"형제 간에 어렵다고 해서 애서 모은 돈을 빌려줬는데 알고 보니 저한테 말고도 여럿에게 돈을 빌렸더군요. 남의 돈부터 갚아야 한다며 제 돈은 나중에 갚겠다고 해서 한숨만 나옵니다."

"이런 사주가 돈 거래를 하면 금액이 클 텐데 혹시 몇억 원 이상이 되나요?"

"휴…"


## 곳곳에서 재산을 뜯어가는 사주였지만

안타깝게도 이미 일은 벌어졌고 아마 돈은 쉽게 되돌려 받기 어려울 것이라 생각되었다. 돈을 돌려받더라도 아주 오랜 기간에 걸쳐서 겨우 받을 수 있을 것이다. 아무리 재테크를 잘해도 어이없게 거액을 손해 보는 일은 특히 장년, 노년층에게 더 치명적이다. 그래서 더 이상 피해를 입지 않는 것이 중요하기에 원인을 설명하는 상담에 치중했다.

"선생님 팔자는 내 재산을 남이 노리는 기운이 아주 강합니다. 이것은 평생 변하지 않습니다. 물론 그렇기에 무의식적으로 더욱 재산을 불리고 지켜야 한다는 생각이 강해져 재테크를 잘 해오신 것도 맞지만, 간혹 이번같이 일을 당하는 경우가 있습니다."

D씨는 다소 원망스러운 표정으로 물었다.

"그러면 저는 형제나 친구, 동료를 믿으면 안 되나요?"

안타까웠지만 단호하게 이야기했다.

"네, 절대 믿으면 안 됩니다. 내가 하고 싶은 것이 있을 때 주변 사람에게 정보를 구할 수는 있겠죠. 그런데 상대방이 먼저 투자하자는 곳에 큰돈을 넣어도 안 되고, 주변 사람에게 돈을 빌려주면 더욱 안 됩니다."

말이 끝나기 무섭게 D씨는 큰 한숨을 지으며 "그래서 그랬구나…"라고 했다. 무슨 뜻이냐고 물었더니 몇 년 전 아파트 한 채를 지인의 추천으로 매입했는데 집값이 떨어져서 큰 손해를 보고서야 최근에 팔았다고 했다. 당시 주변에서는 다 잘 투자했다고 부러워했는데 결과는 반대였기에 더욱 속상했다고 했다. 그래서 다시 한 번 강조했다.

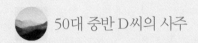

## 50대 중반 D씨의 사주

### 사주팔자

|  | 시 | 일 | 월 | 연 |
|---|---|---|---|---|
| 십신 | 편인 | 본인(我) | 상관 | 편인 |
| 천간 | 乙 | 丁 | 戊 | 乙 |
| 지지 | 巳 | 巳 | 子 | 巳 |
| 십신 | 겁재 | 겁재 | 편관 | 겁재 |

### 대운

| 나이 | 73 | 63 | 53 | 47 | 33 | 23 | 13 | 3 |
|---|---|---|---|---|---|---|---|---|
| 십신 | 겁재 | 편인 | 정인 | 편관 | 정관 | 편재 | 정재 | 식신 |
| 천간 | 丙 | 乙 | 甲 | 癸 | 壬 | 辛 | 庚 | 己 |
| 지지 | 申 | 未 | 午 | 巳 | 辰 | 卯 | 寅 | 丑 |
| 십신 | 정재 | 식신 | 비견 | 겁재 | 상관 | 편인 | 정인 | 식신 |

### 십신역량분석표

| 십신의 개수 | 해당 십신 | 십신 위치 | 해당 역량 |
|---|---|---|---|
| 6~7개 | – | – | – |
| 3~5개 | 겁재 | 연지, 일지, 시지 | 조절역량 |
| 2개 | 편인 | 연간, 시간 | 부핵심역량 |
| 1개 | 상관 | 월간 | – |
| 1개 | 편관 | 월지 | – |
| 없음 | 비견, 정인, 식신, 정재, 편재, 정관 | – | 보완역량 |

"선생님 주변 사람이 나빠서가 아닙니다. 선생님 사주가 그렇기 때문에 옆 사람이 좋은 뜻으로 권해도 결과가 안 좋을 수 있습니다. 그렇지만 내가 중심이 돼서 하는 투자는 그래도 든든한 노후 대책이 될 수 있으니 너무 걱정마세요."

D씨의 사주를 짚어보며 왜 그가 주변 사람을 조심해야 하는지, 왜 자신이 중심을 지키며 투자한다면 무난한 재테크를 할 수 있는지 알아보기로 하자.

앞서 설명했듯 '겁재'가 조절역량이라 남에게 피해를 입을 여지도 있고, 그렇기에 무의식적으로 내 재산을 지키고 싶은 마음에 재물에 대한 센스가 발달되는 사주이다. 조절역량은 양날의 칼이라 늘 조심해서 사용해야 하는 역량이다. 그러면 어떤 기운이 D씨를 돕는지 보자. 다행히 부핵심역량으로 편인이 있다. 편인이 잘 발달된 사람은 예민하고 머리가 좋으며 창의적인 두뇌를 가지는 경우가 많다. 정인이나 편인과 같은 인성印星은 문서운, 학문운을 뜻하기도 한다.

D씨는 젊어서 공부를 잘해 명문 대학을 졸업했으며 회사에서 기획 인력으로서 재능을 발휘해 임원진들의 사랑을 받으며 오랫동안 성공적인 회사원으로 살아왔다. 편인운을 잘 사용한 경우라고 할 수 있다. 게다가 편인이 가지고 있는 문서운을 잘만 활용하

면 적당한 수준의 투자에서도 성공할 수 있다.

단, 겁재의 화禍를 입지 않는 정도로 욕심내지 않아야 한다. 정리하면, 오랫동안 일해서 꾸준히 모은 월급으로 아파트를 장만했고, 노후 대비를 위한 상가 투자까지 잘했다. 자신이 주체적으로 정한 재테크에서는 성공했다. 그러나 겁재가 가지고 있는 기운, 즉 남에게 피해받는 기운으로 인해 남의 조언을 무작정 따르거나, 남에게 큰돈을 빌려주는 일로 일부 손실을 봤다. 회사원으로서는 손색이 없는 사주이기에 앞으로 주변만 조심하면 안정된 노후가 보장될 것이라 믿는다.

## 겨울에 태어난 사람에게 필요한 것은

글을 맺기 전에 명리 공부를 본격적으로 하고 싶으신 분들을 위해 좀 더 설명하고 싶은 부분이 있다. D씨의 경우 신강身强한 사주라 기의 흐름이 이미 넘치는데 이것에 불을 지피는 목木의 기운인 을乙을 중요하게 사용할 수 있느냐는 질문이 가능하다. D씨가 태어난 계절에 그 답이 있다.

그는 본인의 사주에 목木과 화火가 많아 기운이 넘치는 신강한 사주가 되기는 했으나, 계절의 관점에서는 아주 추운 12월의 겨울에 태어났기에 신강한 기운이 오묘하게 통제가 된다. 게다가 연지, 일지, 시지의 사巳라는 글자 안에는 월지 자子를 돕는 기운이 있어 (뒤의 '더 깊게 알고 싶다면' 페이지 참조) 절대 약하지 않은 수水가 되는 것이 바로 자子라는 물이다. 이처럼 균형이 이루어진 사주에서는 편인인 을乙이라는 나무를 중요하게 사용할 수 있다.

# 재운의 원리

1. 조절역량이 겁재이고, 부핵심역량이 인성이라 이재에 민감하고 머리
   가 좋으며 문서운도 있다. 성실히 모은 월급으로 주택을 장만하고 상
   가를 투자하여 노후 자금을 성공적으로 마련했다.

2. 단, 겁재가 가지고 있는 부작용을 간과하고 주변 사람의 말을 믿은 탓
   에 일부 재물 손실을 보았으나 앞으로만 주의하면 크게 무리 없는 노
   후를 맞이할 수 있는 사주이다.

더 깊게
알고 싶다면

# 지장간地藏干이란 무엇인가

D씨의 사주에서 연지, 일지, 시지의 사巳라는 글자 안에 월지 자子를 돕는 글자가 있다고 했다. 지지地支의 모든 글자들은 그 속에 숨겨놓은 글자들이 있으니 그것을 땅에 숨겨놓은 천간天干이라고 해서 '지장간'地藏干이라고 부른다. 지지 순서대로 보면 다음의 표와 같다.

〈지장간 표〉

| 지지 | 子 | 丑 | 寅 | 卯 | 辰 | 巳 | 午 | 未 | 申 | 酉 | 戌 | 亥 |
|---|---|---|---|---|---|---|---|---|---|---|---|---|
| 지장간 | 壬癸 | 癸辛己 | 戊丙甲 | 甲乙 | 乙癸戊 | 戊庚丙 | 丙己丁 | 丁乙己 | 戊壬庚 | 庚辛 | 辛丁戊 | 戊甲壬 |

사巳라는 글자를 보면 그 안에 무戊, 경庚, 병丙의 세 글자가 있다. 어떤 지지는 두 글자가 있기도 한데 그 글자들은 10개의 천간에서 보았던 글자들이다. 물론 이 글자들 중에 마지막 글자들의 힘이 가장 강하다. 가령 자子의 지장간에서는 계癸가, 축丑의 지장간에서는 기己가 강한 식이다. 그러나 다른 글자들도 일정한 영향을 준다.

따라서 D씨는 사巳라는 글자가 3개이고, 그 아래에 모두 경庚이라는 글자가 있다. '경'은 양陽의 금金으로서 수水를 돕는다生. 그러므로 월지의 자子라는 물의 기운은 절대 약하지 않다.

한 가지 더 살펴보면, '경'이라는 글자는 D씨 본인을 뜻하는 정丁이라는 화火 입장에서는 정재正財이다. 정해진 재물이 땅속에 3개나 숨어 있다. 월급받는 사람으로서 꽤 괜찮은 수입이 가능하다는 의미도 있다.

이처럼 지장간을 면밀하게 살펴보면 사주팔자 여덟 글자만으로 세심하게 파악하기 힘든 속성들도 볼 수 있다. 지장간을 잘 분석하느냐 아니냐는 사주의 고수이냐 아니냐를 판가름하는 중요한 기준들 중의 하나이다.

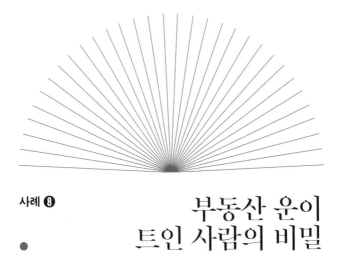

사례 ❽

# 부동산 운이 트인 사람의 비밀

직장인 H씨는 부동산에 관심이 많다. 몇 년 전 처음 상담을 했을 때 조금 무리해서라도 재건축 예정 지역에 투자하는 게 좋을지를 물었다. 사실은 이미 투자를 결정한 눈치였다. 다행히 사주 분석을 해보니 투기성 토지 매입만 아니면 충분히 부동산 투자로 돈을 벌 수 있는 구조여서 편한 마음으로 투자해도 되겠다고 했다.

투자와 투기의 구분에 대한 법적인 정의나 부동산 전문가의 판단 기준은 이 책에서 다루는 범위를 넘어선다. 하지만 사주 관점에서의 투자와 투기는 명확히 이야기할 수 있다.

내 사주가 부동산과 인연이 있고 부채를 감당할 정도의 향후 수입이 예상되는 운이 들어오며, 무엇보다 투자 실패 시에 재무구조가 회복 불가능한 수준까지 되지 않아야 투자이다. 그렇지 않은 경우는 투기로 본다. 통상적인 투기의 기준에서 보는 시장 규칙에 대한 교란효과 등 외부요인은 고려하지 않고 전적으로 나의 투자운과 투자 여력만 가지고 판단한다. 그런 관점으로 보았을 때 H씨의 팔자는 재건축 투자 정도는 충분히 감내할 수 있고, 성공이 예상되는 상황이었다. 왜 그런지 다음 페이지의 원국표와 함께 알아보자.

## 태양이 겨울 대지에 따스한 빛을 비추는 사주

핵심역량이 '식신'이다. 식신은 한 가지를 우직하게 추구하는 힘이다. 그런데 조심할 점이 있다. 경계역량이 정인과 상관이다. 그래도 정인은 도움이 되는 면이 있다. H씨의 사주가 신약하기 때문이다. 사주에 자신의 힘을 빼내는 식신, 상관이 4개라서 약간 신약身弱한 사주가 되었는데 화火가 본인인 H씨에게 목木인 을乙과 묘卯는 불을 크게 해주는 기운이니 돕는 의미가 있다. 정인은 문서운, 공부를 뜻하니 실제 합격운이나 계약운에 유리하다. 단, 너무 자신의

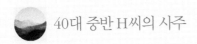
## 40대 중반 H씨의 사주

**사주팔자**

|  | 시 | 일 | 월 | 연 |
|---|---|---|---|---|
| 십신 | 정인 | 본인(我) | 상관 | 정인 |
| 천간 | 乙 | 丙 | 己 | 乙 |
| 지지 | 未 | 戌 | 丑 | 卯 |
| 십신 | 상관 | 식신 | 상관 | 정인 |

**대운**

| 나이 | 80 | 70 | 60 | 50 | 40 | 30 | 20 | 10 |
|---|---|---|---|---|---|---|---|---|
| 십신 | 정재 | 편관 | 정관 | 편인 | 정인 | 비견 | 겁재 | 식신 |
| 천간 | 辛 | 壬 | 癸 | 甲 | 乙 | 丙 | 丁 | 戊 |
| 지지 | 巳 | 午 | 未 | 申 | 酉 | 戌 | 亥 | 子 |
| 십신 | 비견 | 겁재 | 상관 | 편재 | 정재 | 식신 | 편관 | 정관 |

**십신역량분석표**

| 십신의 개수 | 해당 십신 | 십신 위치 | 해당 역량 |
|---|---|---|---|
| 6~7개 | – | – | – |
| 3~5개 | 상관 | 월간, 월지, 시지 | 경계역량 |
| 2개 | 정인 | 연간, 연지, 시간 | 경계역량 |
| 1개 | 식신 | 일지 | 핵심역량 |
| 없음 | 비견, 겁재, 편인, 정재, 편재, 정관, 편관 | – | 보완역량 |

머리만 믿으면 경계역량의 특성상 그릇된 결정을 할 수 있으니 조심해야 한다.

그의 사주에서 더욱 주목해야 할 점은 상관 3개이다. 상관은 자신의 에너지를 강하게 분출하고 여러 분야에 관심을 가지는 기운이다. 게다가 경계해야 할 역량이다. 자신의 핵심역량이 성실하게 한 우물을 파는 식신인데 동시에 한 가지에 집중하는 것을 방해하는 상관이 강하다. 따라서 좋은 직장에 다녀도 100% 만족스럽지 않기 쉽다. 그래도 식신에 집중해야 한다. 직장에 감사하는 마음을 가지고 열심히 다녀야 한다. 그렇게 모은 월급을 부동산에 투자하는 것이 다양한 분야의 관심을 건설적으로 사용하는 길이다.

그러면 왜 부동산인가? 식신의 기운이 오행 중에서 토土의 기운이다. 따라서 자신의 관심을 흙의 기운에 쏟는 것은 적절하다. 부동산 투자가 괜찮은 이유다. 또한 본인이 태양을 뜻하는 병丙이다. 태양은 땅에 온기를 발산하여 만물을 자라게 한다. H씨는 겨울에 태어난 태양이니 더욱 땅을 따뜻하게 하고 싶어 한다. 땅에 대한 관심은 자연스럽다.

그런데 관심이 있다고 모두 성공을 하는 것은 아니다. 약간 신약한 사주인 그의 사주에는 불을 지피는 나무가 3개 있다. 음陰의 목木인 을乙과 묘卯가 있고, 겨울이기는 하지만 그나마 덜 추운 낮인 미시(未時, 오후 1시 30분~오후 3시 30분)에 태어나 온기의 힘이 있다.

222

따라서 자신에게 땅을 충분히 덥힐 수 있는 에너지가 있기에 부동산에 대한 관심이 성과로 이어진다.


# 부동산 투자운은 좋지만
# 회사를 그만두면 재운이 쇠하는 사람

작년에 오랜만에 만난 H씨가 물었다.

"일전에 약간 무리해서 추진한 재건축 예정 부지 투자가 잘 해결되어 성공적입니다. 제가 부동산에 소질이 있는 것 같은데 아예 회사를 그만두고 나와서 경매나 토지 매입을 전문적으로 해볼까요?"

나는 단호하게 대답했다.

"절대로 그러시면 안 됩니다."

다소 섭섭한 표정의 그는 뭔가 설명을 필요로 하는 듯했다. 약간의 사주 이론이라도 이야기해야겠다고 생각했다.

"사주에 식신食神이라는 기운이 있습니다. 한자 그대로 밥 먹고 사는 기운입니다."

H씨는 흥미롭다는 표정으로 다시 물었다.

"제가 먹을 복이 있다는 말인가요?"

"네, 먹을 복이 있습니다. 그런데 먹을 복이 있으려면 어떻게 해야 할까요?"

답을 못 하고 침묵이 흐르기에 내가 말했다.

"열심히 일해야죠. 다른 데 한눈팔지 말고요. 그러니까 선생님은 직장을 그만두지 말고 하던 일 평생 한다고 생각하시고 회사에서 나가라고 하기 전까지 열심히 일하십시오. 그러면서 넘치는 에너지는 주말에 투자할 부지 보러 다니시는 정도로 해소하십시오."

다시 질문이 이어졌다.

"만일 제가 회사를 그만두고 전문 부동산 투자자로 나서면 어떻게 되나요?"

어쩔 수 없이 다시 사주 이론을 이야기할 수밖에 없었다.

"사주 여덟 글자를 보면 축丑, 술戌, 미未 세 글자가 있습니다. 이 세 글자가 모이면 삼형살三刑殺이라고 해서 불안정성이 강해집니다. 술戌이라는 글자가 선생님에게 식신을 뜻하는 한 우물을 파는 성실함의 글자인데, 직장을 그만두고 여기저기 기웃거리면 삼형살이 발동하면서 식신의 좋은 기운이 흔들립니다. 월급을 성실히 모아서 대출금 먼저 갚으시고 여유가 다시 생기면 다른 투자처를 찾아다니세요."

그 이후 H씨에게는 몇 번 사업 기회가 찾아왔지만 계속 다니던 직장에서 성실하게 일하고 있다. 아마 직장에서 답답함은 계속될 것이다. 상관 기질이 강할수록 직장이 답답하게 여겨지기 때문이다. 영업직처럼 외부에서 일하면 좀 나을 텐데 내근직이라 책상 앞에 오래 있어야 하는 보직이기에 더 힘들 것이다. 그러나 의도적으로라도 외부 관련 일을 늘리면서 회사 생활을 성실히 하는 것이 차곡차곡 부를 쌓아가는 데 더 도움이 된다는 것을 알아야 준비된 복을 찾아갈 수 있을 것이다.

# 재운의 원리

1. 자신의 핵심역량인 식신의 성실한 마음을 지켜가면서 넘치는 상관의
   에너지를 부동산 투자에 쏟아서 열정도 해소하고 투자에도 성공했다.

2. 사주에 화火의 기운을 돕는 정인이 있기에 투자에 성공할 수 있었던 것
   이므로 사주가 극도로 신약한 경우에는 투자에 더욱 신중을 기할 필요
   가 있다.

3. 경계역량이더라도 부족한 기운을 채워준다면 의미 있게 사용할 수 있
   으나 그래도 특정 기운이 넘치는 것을 경계할 필요는 있다. 사례의 경
   계역량은 학문, 문서 등을 뜻하는 정인이므로 자만하지 않고, 여러 계
   약서를 검토할 때 더욱 신중해야 한다.

더 깊게
알고 싶다면

# 삼형살三刑殺이란 무엇인가

삼형살이란 세 글자가 모여 흉한 기운을 만들어낸다는 뜻이다. 대표적인 것이 인사신寅巳申 삼형과, 축술미丑戌未 삼형이 있다. 인사신 삼형은 사건, 사고를 뜻하고 축술미 삼형은 예상치 않은 이동, 변동을 뜻한다.

그러나 삼형살에 해당하는 세 글자가 사주에 있다고 무조건 나쁘게 보는 것은 경계해야 한다. 전반적으로 운이 좋은 시기에 인사신 삼형이 있으면 답답한 현실을 박차고 나오는 경우도 있고, 축술미 삼형도 운이 좋은 때 발동하면 원하는 장소로 이동하게 해준다. 물론 불안정에서 오는 비용도 있겠지만 결과가 좋고 나쁨은 전체적으로 분석해야지 단지 '살'殺이 있다고 무조건 부정적으로 보는 것은 성급한 판단이다.

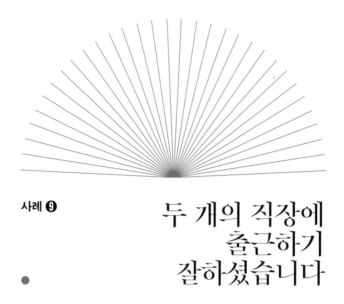

# 두 개의 직장에
# 출근하기
# 잘하셨습니다

K씨는 10년차 회사원으로 월급 이외의 부수입을 꿈꾸다가, 최근 선배와 자본금을 절반씩 조달해서 식당을 차렸다. 회사에 다니고 있기에 공식적으로는 투자자 신분이고 퇴근 후에 자주 들러서 잘 운영되는지 챙겨보고 있다고 했다. 그는 어찌해야 할지 고민이 된다며 이렇게 물었다.

"생각보다 장사가 잘되는데 아예 회사를 그만두고 전업으로 하는 게 좋을까요? 지금처럼 회사 일과 병행해서 투잡으로 계속 동업하는 게 나을까요?"

사주 분석을 한 결과 동업은 괜찮으나 지금 회사를 그만둘 때는 아니라고 조언해주었다.


K씨는 '겁재'를 핵심역량으로 쓰고 있다. 겁재란 내 재물을 겁탈한다는 뜻으로 재물 손실의 위험도 뜻하지만 그만큼 무의식적으로 내 이익을 지키고자 하는 마음이 강해져 이재에 민감한 장점도 있다. 웬만한 십신은 일지에 있는 것이 자신의 삶이 지향하는 방향이 되기에 나에게 필요한 운이건 그렇지 않은 운이건 일정 부분 자신의 인생에 영향을 미친다. 그래서 핵심역량이나 조절역량으로 간주한다. 그러나 겁재만큼은 재물 손실의 의미가 있는 만큼 나에게 핵심역량이라고 해도 조절역량처럼 조심해서 다루는 것을 권장한다.

그래도 K씨에게 겁재는 좋은 의미가 많다. 겨울에 태어난 음陰의 화火이고 게다가 한밤중인 축시丑時에 태어났으니 사주가 차갑다. 따라서 양陽의 화火인 사巳는 운명의 온도계가 균형을 맞추게 돕는다. 게다가 내 기운을 빼내가는 식신이 4개, 편재가 1개이므로 신약사주이다. 따라서 나와 상호 지원하는 겁재운이 힘의 균형에 도움이 된다. 겁재란 나의 이익을 노리는 동료나 경쟁자를 뜻하기도 하지만 이런 사주의 경우에는 나쁘게만 보면 안 된다. 나와 함

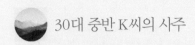

## 30대 중반 K씨의 사주

**사주팔자**

|  | 시 | 일 | 월 | 연 |
|---|---|---|---|---|
| 십신 | 편재 | 본인(我) | 식신 | 편인 |
| 천간 | 辛 | 丁 | 己 | 乙 |
| 지지 | 丑 | 巳 | 丑 | 丑 |
| 십신 | 식신 | 겁재 | 식신 | 식신 |

**대운**

| 나이 | 77 | 67 | 57 | 47 | 37 | 27 | 17 | 7 |
|---|---|---|---|---|---|---|---|---|
| 십신 | 비견 | 겁재 | 편인 | 정인 | 편관 | 정관 | 편재 | 정재 |
| 천간 | 丁 | 丙 | 乙 | 甲 | 癸 | 壬 | 辛 | 庚 |
| 지지 | 酉 | 申 | 未 | 午 | 巳 | 辰 | 卯 | 寅 |
| 십신 | 편재 | 정재 | 식신 | 비견 | 겁재 | 상관 | 편인 | 정인 |

**십신역량분석표**

| 십신의 개수 | 해당 십신 | 십신 위치 | 해당 역량 |
|---|---|---|---|
| 6~7개 | – | – | – |
| 3~5개 | 식신 | 연지, 월간, 월지, 시지 | 경계역량 |
| 1개 | 겁재 | 일지 | 핵심역량 |
| 1개 | 편인 | 연간 | – |
| 1개 | 편재 | 시간 | – |
| 없음 | 비견, 정인, 상관, 정재, 정관, 편관 | – | 보완역량 |

께 이익을 추구하고 서로 나누어 가지는 동료로 보는 편이 낫다.

물론 이익에 민감한 겁재의 마음을 가지고 있기에 한 동업자와 오래가려면 서로 존중해주고 영역을 나누어 동업하는 것이 낫다. 그러나 겁재운은 나에게 필요한 동료운이므로 동업하는 것은 겨울에 태어난 신약사주인 주인공에게 권장된다.

그러면 직장을 그만두고 전업에 나서는 것은 왜 조심해야 할까? 이 사주가 신약한 사주라는 데 그 답이 있다. 신약한 사주가 직접 사업의 형태를 취하면 고생을 하므로, 하더라도 작은 규모로 사업하기를 추천한다. 원래 K씨가 직장을 그만두려는 의도는 현재와 같은 업장을 여러 개 운영해보고자 함이다. 그러나 사주 여덟 글자에서 신약인데다가 아직 10년 주기의 대운도 임진壬辰으로 수水의 기운이 강하다. 자신을 돕는 목木이나 화火가 아니므로 아직 때가 이르다. 게다가 2019년은 기해己亥년으로 해亥라는 글자는 핵심역량 사巳와 사해충巳亥沖을 일으켜 여러 가지 변동성을 조심해야 한다. 이런 때에는 그만두는 것도 크게 권하지 않는다.


## 변동운에 휘둘리지 않아야 성공한다

그러면 언제부터 본격적인 사업의 행보를 보일 수 있을까? 30대 후반에 계사癸巳 대운이 시작되고 이어서 갑오甲午, 을미乙未 대운으로 이어진다. 사巳, 갑甲, 오午, 을乙 등의 글자가 있는 이 시기에는 회사를 떠나 독립을 고려할 수 있다. 신약한 사주에 힘이 되는 운이 들어오기 때문이다. 그러나 아직은 아니다. 회사를 다니며 부업으로 차곡차곡 경험을 쌓으며 후일의 기회를 위해 자금을 모으는 것이 현명할 것이다. 다행히 K씨는 조언을 잘 받아들여 현재 직장생활을 잘하고 있다.

그러나 경계역량인 식신食神이 4개나 되는 점은 조심해야 한다. 식신이 1개가 아니라 이렇게 많이 무리지어 있으면 사실상 상관傷官의 성향을 보인다. 한 가지 우물을 파는 식신이 여러 개 있으면 한 우물을 파는 마음이 없어지기 때문이다. 기해년의 기己라는 글자가 또한 식신이니 2019년에는 더욱 새로운 것을 추구하는 마음이 들어 언제라도 회사를 그만두고 사업에 전념하고 싶은 마음이 들 수 있다. 상관은 강한 에너지라서 조직을 뜻하는 '관'官을 '상'傷하게 할 정도로 내가 하고 싶은 것을 지향하는 기운이기 때문이다. 아무쪼록 올 한 해의 마음 관리를 잘해서 회사생활도 잘하고 부업에서도 좋은 성과를 거두기를 기원한다.

사례 **9**에서 배우는

# 재운의 원리

1. 자신의 핵심역량이 겁재이지만 믿을 만한 동료와 동업을 하면서 자신의 이익을 높이는 방향으로 잘 사용할 수 있는 이유는 추운 계절에 태어난 신약한 주인공에게 따뜻한 온기와 부족한 힘을 보태주는 기운이 마침 겁재였기 때문이다.

2. 핵심역량으로 귀하게 사용하는 겁재 사巳와 충沖을 일으키는 2019년 기해己亥년은 보수적인 사업 관리가 필요한 시기이다.

더 깊게
알고 싶다면

# 계절의 온도
## vs.
# 힘의 균형

나에게 필요한 기운을 용신用神이라고 했다. 용신을 택하는 많은 방법들 중에 가장 중요한 것이 두 가지 있다.

첫째로는 계절의 온도와 관련된 것이다. 겨울에 태어난 사람은 따뜻한 오행을, 여름에 태어난 사람은 서늘하거나 차가운 오행을 용신으로 삼는 것이다. 기후를 조절해준다고 해서 조후調候 용신이라고 한다.

둘째로는 힘의 균형을 맞추어주는 것이다. 신강한 사주는 힘을 덜어주는 식신, 상관, 정재, 편재나 힘을 눌러주는 정관, 편관 중에서 용신을 잡고, 신약한 사주는 힘을 보태주는 비견, 겁재, 정인, 편인 중에서 용신을 잡는다. 이것을 힘을 억제하거나 부조, 즉 도와준다고 해서 억부抑扶 용신이라고 한다. 두 용신이 모두 중요하지만 굳이 하나를 택하자면 계절의 온도를 중시하는 조후 용신을 우선시하는 것이 많은 명리학자들의 중론이다. 명리학은 사계절의 흐름이 핵심이라 계절 균형에 바탕을 둔 조후 용신이 먼저 고려되는 이유이다.

여기서 한 가지 궁금함이 생길 수 있다. 핵심역량이나 조절역량에 해당하는 중요한 글자가 만약 용신이 아니라면 어떻게 하느냐는 물음이다. 이 경우에는 둘 다 중요시하는 것이 답이다. 만약 핵심역량이나 조절역량에 해당하는 글자가 조후 용신이나 억부 용신과 너무도 동떨어진 오행의 기운이라면 핵심역량이나 조절역량이 가지고 있는 특징을 유념하며 생활에 참고하되 실제 길흉화복의 상세 예측은 조후 용신이나 억부 용신을 우선시한다.

그러나 일지에 있는 글자는 길흉과 무관하게 나의 실생활이 지향하는 방향이니 그로 인해 내 마음가짐에 형성되는 특징을 나의 강점으로 삼거나 삼가는 기준으로 채택하는 것이 핵심역량과 조절역량을 활용하는 지혜가 될 것이다.

**사례 ⑩**

# 40대 초반에
# 대기업 임원이 된
# 사람의 운

L씨는 외국계 IT 기업 매니저로 입사 동기들 중에서 가장 잘나가는 젊은 베테랑 영업사원이었다. 성실함과 타고난 붙임성으로 회사 윗사람들과 고객의 사랑을 독차지하고 있었다. 머지않아 최연소 팀장이 될 거라는 소문 또한 자자했으니 많은 사람이 부러워했다. 그러나 출세에는 고통이 따르는 법인지 주위의 시기와 질투 또한 끊이지 않았다. 그러던 어느 날 익명의 투서가 회사 인사팀에 도착했다. L씨가 회사의 중요한 규정을 어겼다는 것이다. 일단 공

식화된 사건이라 본사 차원의 감사팀이 꾸려졌고 L씨는 영업 현장에서 배제될 정도로 업무에 지장을 받으며 한 달간 혹독한 조사를 받았다. 태어나서 경찰서 한 번 안 가봤는데 회사에서 이게 어떤 일인가 싶을 정도로 힘든 시간을 보냈다.

몇 주간의 조사 후에 다행히 의심 사항에 대해 '근거 없음' 판정이 내려졌고 그는 원래의 업무에 복귀했다. 그러나 사람들이 수군대기 시작했다. "워낙 실적이 좋으니 위에서 덮어준 것 아니냐", "회사도 능력 있는 사람 앞에서는 어쩔 수 없구나", "회사가 어쩌겠어, 돈 벌어주는 사람 편들어야지" 등등 사실과 다른 불편한 소문이 끊이지 않았다. 고객은 한 달 동안 뭐하다가 이제 왔느냐고 타박했다. 재판에서 무죄 판결받은 연예인에게 방송 섭외 끊긴 심정이 이런 것일까 싶었다.

그런데 사건이 종료되고 한 달도 안 되어 헤드헌터에게서 연락이 왔다. 동종 업계의 더 큰 회사에서 사람을 찾고 있는데 이직할 생각이 없느냐는 것이었다. 연봉과 직급은 유사 수준인 수평 이동이었지만 더 큰 회사라서 팀장 이상의 임원급부터의 보수는 두 배라고 했다. 다만 새로운 장비와 소프트웨어를 팔아야 했기에 잘못될 리스크도 컸다. 예전 같으면 기존 회사의 성골 중의 성골이라 옮길 생각이 있을 수 없었다. 몇 년만 더 있으면 저절로 리더가 되고 오랫동안 고생해온 팀원들도 끌어줄 수 있는 상황이었다. 그러나 억울한 사건을 겪은 이후로는 마음이 흔들렸다.

'그냥 확 옮겨서 연봉 두 배의 팀장까지 올라가?', '전혀 모르던 제품인데, 매출 못 내면 갈 데 없어지는 것 아닌가?' 등등 고민의 밤이 이어졌다. 그러나 이럴 때 참고하라고 사주명리가 존재하는 것이 아닌가. 그의 사주는 이미 변화에 한 표를 던지는 것이 유리한 것으로 예정되어 있었다. 다행히 그는 운명적 제안을 받아들여 이직했고, 결국 임원까지 승진했으며, 전 직장보다 몇 배 많은 월급을 활용해 더 좋은 곳으로 이사까지 할 수 있었다. 다음 페이지의 그의 팔자를 분석해서 운명이 어떻게 작용했는지 알아보자.

핵심역량으로 '비견'을 쓰고 있다. 비견이란 나와 음양오행의 기운이 같은 글자이다. 즉, 나의 형제, 나의 동료 등 주변 사람의 기운을 뜻한다. 실제로 L씨는 뛰어난 리더십으로 직속 팀원들의 존경을 크게 받았다. 부핵심역량은 '겁재'이다. 겁재는 나와 오행은 같지만 음양만 다른 글자로서 내 주변 사람을 뜻하기도 하지만 한자 풀이 그대로 내 재물財을 겁탈劫한다는 의미도 있다. 십신 열 글자 중에서 겁재만은 핵심역량, 부핵심역량, 조절역량 등과 같이 귀하게 쓰는 기운이더라도 늘 조심하는 마음을 가져야 한다. 겁재의 의미 때문에 그렇다.

물론 L씨의 경우 겁재의 기운을 사용하기는 해야 한다. 그 이유

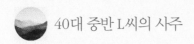 40대 중반 L씨의 사주

## 사주팔자

|  | 시 | 일 | 월 | 연 |
|---|---|---|---|---|
| **십신** | 정관 | 본인(我) | 편관 | 겁재 |
| **천간** | 庚 | 乙 | 辛 | 甲 |
| **지지** | 辰 | 卯 | 未 | 寅 |
| **십신** | 정재 | 비견 | 편재 | 겁재 |

## 대운

| 나이 | 79 | 69 | 59 | 49 | 39 | 29 | 19 | 9 |
|---|---|---|---|---|---|---|---|---|
| **십신** | 편재 | 정재 | 식신 | 상관 | 비견 | 겁재 | 편인 | 정인 |
| **천간** | 己 | 戊 | 丁 | 丙 | 乙 | 甲 | 癸 | 壬 |
| **지지** | 卯 | 寅 | 丑 | 子 | 亥 | 戌 | 酉 | 申 |
| **십신** | 비견 | 겁재 | 편재 | 편인 | 정인 | 정재 | 편관 | 정관 |

## 십신역량분석표

| 십신의 개수 | 해당 십신 | 십신 위치 | 해당 역량 |
|---|---|---|---|
| 6~7개 | – | – | – |
| 3~5개 | – | – | – |
| 2개 | 겁재 | 연간, 연지 | 부핵심역량 |
| 1개 | 비견 | 일지 | 핵심역량 |
| 1개 | 편관 | 월간 | – |
| 1개 | 편재 | 월지 | – |
| 1개 | 정관 | 시간 | – |
| 1개 | 정재 | 시지 | – |
| 없음 | 정인, 편인, 식신, 상관 | – | 보완역량 |

는 사주가 약간 신약身弱하기 때문이다(신약이란 나를 돕는 비견, 겁재, 정인, 편인 등의 기운이 나를 제압하는 정관, 편관이나 내 기운을 빼가는 식신, 상관, 정재, 편재보다 적을 때를 말한다). 겁재는 나와 오행이 같아 도움을 주는 기운이 있기 때문에 사용을 하기는 해야 하지만, 물론 언제 어디서든지 주변의 모함이 일어날 것을 예상할 수 있다. 강한 겁재를 사용하니 적과의 동침이기 때문이다. 따라서 억울한 투서 사건도 사주 관점에서는 크게 이상할 것이 없다. 오히려 그런 점을 고려하고 배나무 밭에서 갓끈도 매지 않는 마음을 가져야 할 것이다.

## 탁한 관운을 맑게 하는 힘

그러나 일단 일은 터졌고, 이직은 결정해야 하는 상황이 되었다. 그러면 어떤 운명의 작용으로 이직해서 잘 풀리게 되었을까? 이직한 시점이 마침 10년 단위로 바뀌는 대운이 39세 을해乙亥 대운으로 진입하는 시기인 점에 그 비밀이 숨어 있다.

첫째로, 해亥라는 글자는 정인正印으로 신약한 사주에 힘이 된다. 게다가 사주의 묘卯, 미未의 두 글자와 합쳐서 해묘미亥卯未 삼합三合으로 목木의 기운이 강화되니 신약한 사주에는 힘이 된다. 나의 오행이 여러 기운과 엮여져 강화되니 주변 사람의 도움도 있다.

둘째로, 을乙이라는 글자가 사주의 신辛과 을신충乙辛沖을 이루기 때문에 편관偏官 신辛을 제거하는 효과가 있다. 그러면 정관正官 경庚은 제 역할을 하는데 편관은 제 역할을 못한다. 이것은 사주 이론의 중급 과정 이상에 해당하지만 중요하므로 조금 더 설명을 하겠다.

L씨의 사주는 나를 뜻하는 을乙이라는 글자의 양 옆에 정관도 있고 편관도 있다. 둘 다 관운官運이다. 그런데 관운은 하나만 깔끔하게 있는 것을 관운이 맑고 깨끗하다고 한다. 이 상황처럼 양옆에 정관도 있고 편관도 있으면 관운이 탁하다고 해서 관살혼잡官殺混雜이라고 한다. '살'殺이라는 말은 편관을 뜻하는 말이다. 편관이 군인, 검찰, 경찰 등 무력을 뜻하는 관운이기에 옛 고전에서는 편관운을 살이라고도 했다. 한마디로 정관과 편관이 섞여서 관운이 깨끗하지 않은 사주이다.

그런데 이 두 글자 중 어떤 한 글자가 충돌하거나 합해져서 역할이 정지되면 관살혼잡이 아니라 맑은 관운이 된다. 실제로 그는 을해乙亥 대운의 병신丙申년에 승진했다. 병丙이라는 글자는 편관 신辛과 병신합丙辛合이 되어 충沖 맞은 편관의 기능을 완전히 정지시켰다. 어떤 글자가 합해지면 일시적으로 기능이 멈추기 때문이다.

결국 이직을 고민하던 시점이 을해 대운의 직전이고, 몇 년이 지나면 병신년이 오니 관운이 당연히 맑아진다. 사주의 가이드대로 행동한 L씨는 결국 좀 더 많은 부를 얻을 수 있었다. 만일 그가 이직을 안 했으면 어떻게 되었을까? 역사에 만약이란 없다지만 굳이 가정을 해본다면 아마 이전 직장에서도 팀장이 되기는 했을 것이다. 을해년 대운에 병신년이 오면 승진을 안 하기도 어렵기 때문이다. 그러나 새 직장의 팀장 연봉이 두 배라는 것을 생각해보면 큰 차이이다.

사주팔자는 어떤 사람에게 명예와 부를 쌓기에 조금 유리한 인자가 있다는 힌트를 알려주기는 한다. 그러나 자신이 어떤 선택을 했느냐에 따라 실속의 차이는 존재한다. 반대로 어떤 사람에게 명예와 부를 쌓기에 유리한 인자가 적다고 해도 자신의 현명한 선택과 다양한 노력으로 운의 잠재력을 높일 수 있다는 점을 강조하고 싶다.

사례 ❿에서 배우는

# 재운의 원리

1. 자신의 관운, 즉 명예운이 유리한 방향으로 갈 때에는 더 큰 조직, 더
   큰 기회를 노렸을 때 더 큰 부도 따라올 수 있다.

2. 강한 겁재운을 타고난 사람은 도움도 되고 위험도 되는 겁재의 양면성
   을 염두에 두고 매사 늘 조심하는 마음을 가져야 한다.

더 깊게
알고 싶다면

현대의 관운 官運

일반적으로 관운이라는 말을 들으면 고시 합격이나 정치인, 고위 관료 등을 떠올린다. 쉽게는 공무원을 생각하기도 한다. 관官이라는 말이 관청을 생각하게 하기 때문이다. 예전의 왕조 시대에는 관직에 나가는 것이 유일한 조직 생활이나 다름없었다. 따라서 과거의 관이라는 글자는 사실상 공직 생활을 뜻하는 것이었다. 하지만 현대에는 꼭 공직자가 되지 않더라도 공기업, 사기업 등 여러 조직이 있다. 그렇기에 요즘의 관운은 '조직운'을 포괄적으로 뜻한다.

사주에 관운이 좋다고 해서 꼭 고시를 봐야 하는 것이 아닌 것이다. 여기서 관운이 중요한 또 다른 이유는 바로 월급 때문이다. 조직에 속해야 월급이 나온다. 물론 자영업자도 많지만 여전히 많은 사람이 조직에 속해서 월급으로 생활한다.

월급을 많이 받으면 생활이 편하고 자산 축적에도 유리하다. 이때 월급을 많이 받으려면 조직운이 좋아야 한다. 이것이 사주에 재물복이 크지 않아도, 관운이 잘 발달된 것만으로도 높은 소득으로 잘사는 사람이 존재할 수 있는 이유이다.

# 일상의 작은 행동이
# 더 큰 부를 부른다

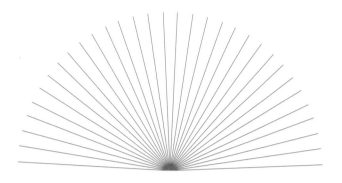

# 1 · 지금 이 순간의 행동이 부를 끌어당긴다

명리학 이론에서는 개인마다 각기 다르게 타고난 강점이 있다는 것을 전제로 한다. 그러다 보니 모든 사람이 재벌이 될 수도 없고 로또에 당첨될 수도 없다. 하지만 나와 내 가족의 안정된 생활을 가능하게 하는 최소한의 자본 축적은 노력으로 가능하고, 그것을 자존감을 지키는 자본, 즉 '자존자본'이라고 했다.

그러나 100세 인생에서 필요한 자존자본을 확립하는 것은 사실 만만치 않은 일이다. 또한 큰 노력이 필요한 일이기도 해서 명리학

이론의 힘을 빌려 그 방법을 찾고자 이 책도 쓰게 된 것이다. 그런데 주변 사람들에게 종종 듣게 되는 질문이 있다.

"명리학 관점에서 어떻게 해야 재운이 열리는지를 알아보는 것은 무척 흥미롭습니다. 그런데 제가 사주 전문가도 아닌데 일상에서 번번이 사주 분석을 하고 있기는 어려워요. 뭔가 재운을 높일 수 있는 실천 방법이 없을까요?"

당연히 방법은 있다. 그리고 그 방법은 부와 관련된 기초체력을 높여준다. 종합비타민이 전반적인 체질 개선에 도움이 되듯이, 헬스트레이닝으로 기초체력을 높이는 것이 어떤 운동선수에게라도 필요하듯 말이다. 4장은 돈을 버는 데 도움이 되는 부자 체질, 부자 체력을 기르는 방법에 대한 이야기이다. 그리고 그 핵심은 '부자처럼 행동하라'는 것이다.

## 부자 체질이 되는 법

행동은 태도에서 나오고, 태도는 의도에서 나온다. 의도는 어떤 것을 이루고자 하는 근본 원인이나 원하는 무언가에 대한 목표의식이다. 일단 의도가 정해지면 그 의도를 달성하기 위해 주변 환경의 사람이나 사물을 바라보는 일관된 마음가짐, 즉 태도가 형성된다.

그리고 그 태도는 실제 행동으로 이어진다. 그런데 다른 사람의 의도나 태도는 눈으로 볼 수 없다. 오직 행동을 관찰함으로써 그 태도나 의도를 미루어 짐작할 수 있을 뿐이다.

사실 부를 이루는 데 있어 가장 중요한 것은 의도와 태도이다. 부자의 내적 목표와 그 목표가 만들어낸 부자의 태도를 내 것으로 만들 수만 있다면, 이것은 운명을 개선시키는 좋은 기운을 형성한다. 타고난 대로 사는 사람은 나를 한 단계 높여줄 의도를 마음에 품지 못한 사람이다. 습관대로 사는 사람은 나를 한 단계 높여줄 태도가 몸에 배어 있지 못한 사람이다. 쉽게 말해 타고난 팔자대로만 사는 사람이다. 어쩌면 타고난 팔자의 강점도 활용하지 못하는 사람일 수도 있다. 내 마음에 부자의 의도를, 내 몸에 부자의 태도를 수혈하면 타고난 팔자의 강점을 더 잘 활용하고, 팔자의 약점을 더 잘 보완할 수 있다. 나 스스로 좋은 기운을 만들어내는 발전소가 되는 것이다.

다만 의도나 태도는 눈으로 볼 수 없기에 부자의 행동을 관찰하고 따라 하는 것만이 그 행동을 불러온 의도와 태도를 내 마음에 품을 수 있는 방법이다. 특히 의도야 사람마다 다르다지만 부자의 태도만큼은 누구에게나 도움이 되는 비타민이자 부자 체질로 만드는 헬스트레이닝인 것이다.

혹자는 재벌이 될 것도 아닌데 부자의 방식을 굳이 배워야 하는지 궁금해할 수도 있다. 그런 분들께는 테니스나 골프를 아마추어로서 익히더라도 로저 페더러의 풋워크와 타이거 우즈의 스윙을 보고 따라 해야 하는 것을 예로 들고 싶다. 필자도 큰 부자 팔자와는 거리가 멀지만 지금도 사주 상담을 통해 만나는 부자들의 행동을 열심히 벤치마킹하고 있다. 주어진 부의 잠재력을 최대한 높여서 자존자본을 확보하기 위한 것이다. 그러면 부자들의 '행동'이란 무엇인가? 한마디로 부자들이 오감을 사용하는 방법이다.

오감은 우리 모두가 생존을 위해 사용하는 '청각, 시각, 촉각, 후각, 미각'이다. 부자들은 같은 투자 이야기를 듣고도, 같은 상가 부지를 보고도 보통 사람들과 다른 행동을 한다. 같은 정보와 상황에서도 다른 행동을 하는 것은 결국 우리의 감각, 즉 오감 사용이 다르기 때문이다. 그래서 부를 향한 오감을 얼마나 활용하느냐가 부자들의 행동에서 가장 중요한 것이다. 이제 부자의 오감 사용법을 사례와 함께 살펴보도록 하자.

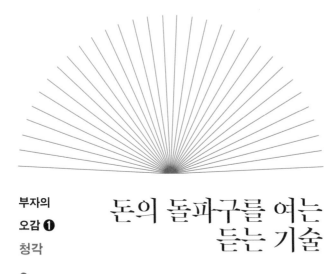

**부자의
오감 ❶
청각**

# 돈의 돌파구를 여는
# 듣는 기술

다섯 가지 감각 모두가 다 중요하지만 그중에서도 가장 중요한 것은 잘 듣는 것이다. 부자들의 듣기 능력은 크게 세 분야로 나뉜다. 첫째, 새로운 정보를 듣는 것이다. 둘째, 남들이 특정 기회에 대해 어떻게 생각하는지 듣는 것이다. 마지막으로 셋째, 자신의 생각에 대한 남들의 의견을 듣는 것이다.

이 세 가지를 잘 활용하는 것만으로도 부자가 될 기회를 활용할 절반의 준비가 된 셈이다. 이것은 비단 투자나 사업에만 그치지 않

251

는다. 평범한 사람에게는 회사를 그만두지 않고 오래오래 월급으로 현금을 창출하는 것도 자존자본 확보에 매우 중요한 일이다. 그런 만큼, 부자의 세 가지 듣기 기술은 커리어를 잘 이어가는 데에도 도움이 되는 방법인 것이다.

이러한 듣기에는 숨겨진 비밀이 더 있다. 다른 사람의 좋은 이야기를 들으면, 그 사람의 좋은 기운도 같이 받는다. 상대방의 목소리에 있는 그 사람의 기운이 함께 내 귀를 통해 내 몸으로 들어오기 때문이다. 상대방이 부자라면 그 효과는 이루 말할 수 없다. 그렇기에 사주명리에서는 항상 운이 좋은 사람의 곁에 있으라고 강조한다. 특히 재운을 높이려면 부자 옆에 있어야 함은 두말할 나위가 없다.

이제 돈의 돌파구를 여는 부자들의 세 가지 듣기 방법을 알아보자.


## 돈이 되는 정보를 놓치지 않고 듣는 법

부자들의 첫 번째 듣기 기술은 '새로운 정보를 놓치지 않고 듣는 것'이다. 보통 부동산 분양, 경매, 주식, 채권 등 투자와 관련한 기회나 사내 이동 및 이직 등 커리어를 업그레이드할 수 있는 기회를 빠르고 정확하게 듣는 것을 말한다.

새로운 정보를 들을 때, 어떤 것이 내게 도움이 되는 것인지 더욱 효율적으로 가늠하려면 한 번 더 세분화해 생각하는 게 좋다. 모두에게 알려진 정보를 열심히 그리고 정기적으로 학습하려는 노력과, 닫힌 모임에서 공유되는 특수한 정보를 들으려는 노력 두 가지를 모두 해야 한다.

최근 상담한 어느 사무직 직장인은 인기 지역의 아파트를 엄청난 경쟁률을 뚫고 분양받아 수억 원의 차익을 얻었다. 그는 자신에게 '요행'이라거나 '투기'했다고 말하는 사람을 가장 싫어한다. 자신의 노력이 투자 수익을 가져왔다고 믿기 때문이다. 한 예로, 그는 매일 아침이면 경제 신문의 부동산면을 빠짐없이 읽는다. 그리고 유명 부동산 커뮤니티 사이트에 수시로 들어가서 한 시간씩 관심 지역에 대한 글을 읽는다. 집에 있을 때는 케이블 TV의 부동산 관련 방송을 틀어놓고 청소도 하고 설거지도 한다. 그는 손쉽게 할 수 있는 공부도 안 하면서 남들 따라서 투자하고 사는 사람의 자세를 이해할 수 없다고 했다.

공부가 되어 있어야 소규모의 투자 모임에서 나오는 정보를 들어도 옥석을 가리기 쉽다. 그와 더불어 대외적으로 공개된 투자 정보를 받아들일 수 있는 준비도 해야 한다. 공개된 지식은 해당 분야의 전문가들이 글로 쓰거나 말하는 내용을 가리킨다. 전문가 본인들부터가 어느 정도 자산 확보에 성공한 경우가 많기에 그들의 말과 글을 내 귀에 집어넣고 체화하는 것은 간접적으로 그들의 좋은 기운을 받는 효과도 있다. 물론 책을 읽건, 강연을 듣건 그들의 정보를 익히려는 노력은 운 이전에 부를 한 단계 높이기 위한 필수적인 자세이지만 말이다.

관심 분야의 정보를 공유하는 소규모 모임은 전반적인 새로운 정보를 듣는 역할도 하지만 부자들의 두 번째 듣기 기술인 '남들이 특정 기회에 대해 어떻게 생각하는지'를 알게 하는 역할도 한다. 핵심은 나의 투자 목표와 비슷한 수준인 사람들과의 정기적인 만남을 유지하는 것이다. 투자 여력이 비슷해야 내게 적절한 수준의 기회에 관한 새로운 정보를 듣고, 그 기회에 대한 남들의 판단도 알 수가 있다. 물론 부동산 거부들의 모임에 가면 차원이 다르게 성공할 확률이 높은 투자 기회를 알 수도 있다. 그러나 가장 큰 문제는 그들이 갑자기 나를 모임에 끼워줄 리가 없다는 것이다. 일단 내 수준에 맞는 모임부터 참가하고 정보를 듣는 것이 중요하다.

혹시 지금 독자 중에는 '어떻게 내가 그런 사람들을 찾아서 들어갈 수 있겠어?' 하고 부정적인 자세로 지레 포기하고 있는 분이 있으리라 생각된다. 냉정하게 말하자면, 사실 그런 분은 행동력이 부족한 사주일 것이다. 운은 행동에서 나온다. 움직여야 돈이 들어오는 입구도 커진다. 여러 인터넷 커뮤니티의 오프라인 모임도 있고, 투자 관련 유료 강좌를 통해 알게 된 사람들과 공부 모임을 해도 된다. 주변인들 중에 마음이 맞는 사람들과 3~4인부터 작게 모임을 시작해서 각자가 믿을 만한 지인을 추천하는 방식으로 투자 공부 모임을 만들어도 된다.

최근에 지인으로부터 자신이 속해 있는 열 명 규모의 투자 동호회 회원들을 대상으로 부자의 운에 대해 강의를 해달라는 요청을 받았다. 그 모임은 주식과 부동산을 골고루 다루고 있었다. 미국 연방준비제도의 정책을 논의하기도 하고 금값 동향을 서로 공유하기도 하며 재건축 관련 동향 토론도 했다. 그런데 각각의 직업은 평범한 직장인부터 임야 매각으로 돈을 번 지역 유지까지 다양했다. 소규모 공부 스터디가 각자의 인맥들을 참여시키며 커진 것이다.


## 많이 묻고 많이 듣는 것이 재산이다

특정 기회에 대한 투자 방향이 정립되면, 어느 정도의 전문성을 바탕으로 가감 없이 찬반 의견을 말해줄 사람들에게 자신의 결정을 묻고 의견을 들어야 한다. 듣고 또 듣다 보면 내 생각에 확신이 생길 수도 있고 미처 놓친 부분을 보완할 수 있다. 내 생각을 말하는 것을 부끄러워하거나 남이 따라 할까 두려워 이야기 안 하는 사람은 언젠가 운이 나쁜 시기에 크게 실패할 수 있다.

정말 나와 인연이 되는 투자 기회라면 내가 친한 사람에게 투자 기회를 말한다고 해도 빼앗기지 않는다는 자신감이 필요하다. 내가 알고 고민할 정도라면 나 혼자만 아는 정보는 아닐 것이다. 너무 걱정하지 말고 나를 공개하고 나에 대해 들어야 한다.

그런 면에서 최근 이직 결정을 보류한 한 최근 상담 사례는 시사점이 크다. 30대 워킹맘인 그녀는 내 집 마련을 위해 더욱 높은 연봉을 원해서 천만 원 이상을 더 준다는 어느 기업의 최종 인터뷰를 앞두고 있었다.

"이 회사로 이직해도 될까요?"

직장인에게 재테크의 종잣돈은 결국 월급이니, 높은 연봉을 위한 경력 개발은 당연히 부의 축적에 있어 핵심이다. 그러나 아쉽게도 사주 분석의 결과, 이직에 적합한 시기는 아니었다. 그런데 일단 좋은 회사에 채용을 앞두고 있으니 말린다고 들을 상황도 아니었다. 사주명리 상담에서도 지금 이직하면 좋다는 말을 기대하고 왔던 것으로 보인다. 미리 정한 답을 확인하는 목적으로 상담하는 경우가 종종 있기에 놀라지는 않았다. 그래서 운에 대해서는 더 이야기하지 않고 다만 그 회사에 먼저 다니고 있는 사람을 만나보고 결정하라고 했다.

며칠 후 연락이 왔다. 지인의 후배가 그 회사에 다니고 있는데 최종 면접을 볼 부서는 야근이 많고 팀 내에 기혼여성도 없어 아이를 어린이집에서 하원시키기 위해 6시에 칼퇴근하는 것을 지지받기 힘들 것이라는 말을 들었다. 그녀는 아무리 돈을 버는 것도 좋지만 아이가 우선이었기에 일단 이직을 하지 않기로 했다. 다행히 내년에는 좋은 이직운이 있다는 말에 위로를 받고 갔다.

이처럼 자신의 생각을 먼저 경험한 사람에게 물으며 확인하고, 그 조언을 올바른 결정을 위해 사용하는 태도는 성공의 기본이다. 그러나 막상 중요한 자신의 일과 관련된 타인의 말에도 경청하지 않는 사람들이 많다. 게을러서는 아니다. 적극적으로 외부의 좋은 기운을 받아들이는 습관이 없어서이다. 좋은 기운을 받아들이는 가장 좋은 방법 중 하나는 다른 사람의 좋은 이야기를 내 귀를 통해 몸으로 받아들이는 것이다. 투자로 돈을 벌었든, 사업을 했든, 고연봉을 받든, 부자들은 이런 듣기 기술에 익숙하다.

사실 부자들의 세 가지 듣기 기술인 새로운 정보를 놓치지 않고 듣기, 남의 생각 듣기, 나의 생각에 대한 남의 의견 듣기는 언뜻 쉬워 보이지만 이것을 몸에 배인 습관처럼 행동하기는 어렵다. 하지만 듣고 또 듣고 겸손한 마음으로 나의 결정을 만들고, 그 결정을 가다듬어 가는 사람이라면 돈을 못 벌기도 어렵다.

만일 월급이 적어서 길이 안 보인다면, 모은 돈이 적어 투자는 생각도 못 한다면 바로 서점에 나가보라. 적은 돈으로 시작해 소규모 상가나 경매로 돈을 번 사례가 이미 많다. 들어보지도 않고 나는 안 된다고 하면 안 된다. 물론 큰 투자금을 가지고 있으면 투자를 시작하기 쉽다. 하지만 적은 돈을 가지고 있으면 내 손발이 더 바빠야 투자 기회를 잡을 수 있을 뿐이다. 규모에 맞는 투자처가 있는 것이다. 그리고 몇 번 성공하면 자본금은 커진다.

투자 이익을 불로소득처럼 벌려고 해서 문제다. 많은 부자들은 노력해서 투자한다. 열심히 듣고 또 들으며 돈을 불린다. 마치 사업체를 운영하듯, 회사에서 성실히 임무를 완수하여 승진하려는 마음같이 투자한다. 듣는 습관이 없다면 타고난 팔자의 운도 제대로 사용하기 어렵다는 사실을 명심해야 한다.

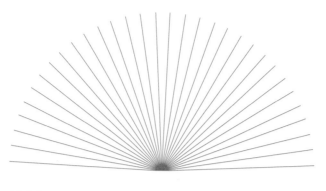

# 부의 맥을 읽는 감각, 안목

새로운 사업이든, 새로운 투자 기회든, 고연봉자로 성장할 수 있는 이직 기회든, 나만의 관점을 확립하지 않으면 아무리 좋은 정보를 가지고 있어도 원하는 만큼 부자가 될 수 없다. '청각'이 바깥세상에 대한 나의 결정을 밖에서는 어떻게 생각하는지 듣는 감각 능력이라면, '시각'은 바깥세상의 같은 정보에 대해서도 남다르게 볼 수 있는 관점을 가지는 감각 능력이다. 나만의 관점을 가진 사람은 수많은 정보를 걸러내고 선택하여 부를 늘릴 수 있는 나만의 기회를 찾아낸다. 한마디로 보는 눈, 안목을 가지는 것인데, 부자의 '시각'을 갖는 것은 부자의 청각을 갖는 것보다 어렵다. 사실 청각은 듣는 연습만 해도 시작이 반이다. 앞서 말한 세 가지, 새로운 정보를 듣고, 남들의 생각을 듣고, 내 생각에 대한 남들의 의견을 듣는 것처럼 부자의 듣기법은 명확하다.

하지만 부자의 시각을 갖는 방법은 몇 가지 유형으로 정해져 있지 않다. 게다가 많은 노력을 해야 가질 수 있는 것이 '돈을 읽는 관점'이다. 그러나 분명한 사실은 내가 만난 부자들은 모두 돈에 대한 자신만의 명확한 관점을 갖고 있었다는 것이다. 어떤 사람은 부동산에, 어떤 사람은 주식에, 어떤 사람은 사업 아이템에 대해, 어떤 사람은 적절한 이직으로 연봉을 높이는 것에 대해 자신만의 기준이 분명했다. 자기 사주에 맞게 돈 버는 방법은 달랐지만 말이다. 어떤 시각이 훌륭한지에 대한 정답이 중요한 것이 아니다. 나만의 시각이 존재하는가가 더 중요하다.

물론 시각은 사람이 성장하면서 또 바뀐다. 그러나 오늘 나만의 시각을 가진 사람만이 내일 더 발전적인 시각을 가질 수 있다. 그래도 도대체 부자의 시각이 무엇인지 손에 잡히지 않을 수 있다. 유형이 없기에 몇 가지 예를 들어서 설명할 수밖에 없고, 자신만의 시각을 확립하는 것도 각자의 몫이다. 부자의 시각은 단순히 정보를 보는 시신경이 아니고 정보에서 돈 되는 의미를 찾는 자신만의 기준과 철학이라는 말이 유일한 실마리일 뿐이다.


## 행운과 불운을 구분하는
## 자신만의 시각이 있는가


회사 생활이 너무 바빴던 어느 대기업 과장은 주말 근무가 너무 많아 부동산 투자는 내 집 마련 이외에는 포기했다고 했다. 성격이 워낙 꼼꼼해서 직접 발로 뛰며 확인하지 않고는 불안해서 투자를 못하는 성향이었다. 자신의 집을 청약할 때도 정말 여러 모델하우스에 가보고, 아파트가 들어설 부지에도 가보는 성격이었다. 직접 가서 봐야 직성이 풀리는 스타일인데 회사에서 대부분의 시간을 보내다 보니 현장에 못 가는 부동산 투자는 안 하기로 한 것이었다. 그런데 더 중요한 자신의 투자 철학은 원금 손실 없는 안정된 투자를 선호하는 편이라, 장기적으로 은행 이자보다 높은 투자처를 확보하는 것이라 했다. 그래서 고민하다가 '금' 투자에 주목했다.

회사에서 틈틈이 국제경제에 대한 신문기사를 열심히 보고 인터넷으로 종종 시세 확인을 하는 것만으로도 금 투자는 시작이 가능했고 안정성도 상대적으로 높다고 판단했기에 투자 종목을 금으로 정했던 것이다. 이처럼 자신의 투자 원칙에 맞는 아이템을 찾는 고민은 자신만의 시각을 확립한 사람에게만 가능한 것이다. 이 사람의 투자 원칙이 '실물 확인', '리스크 관리 철저'인 것은 당연하며, 은퇴하고 시간이 많아지면 본격적으로 부동산을 해보고 싶다는 말도 놀라울 것이 없다.

반면에 자산 여유가 다소 있는 50대 후반 여성의 경우, 자신에게는 부동산이 주식과 같게 여겨진다고 했다. 평소 신뢰하는 부동산 업자가 "사장님, 오피스텔 좋은 것 나왔어요. 전세 끼고 사시죠. 1억 원 바로 송금해주세요" 그러면 현장에는 가보지도 않고 송금한다. 투자 자산 여유가 수억 원이 있는 경우이지만 그렇다고 이분이 수십억 원 대의 부자도 아니다. 소규모 투자를 여러 개 운영하며 개별 투자의 리스크를 상쇄한다. 물론 간혹 믿던 부동산 업자의 판단이 틀려서 손해를 보는 경우도 있지만 여러 물량에 분산 투자를 해서 장기적으로 플러스, 마이너스가 플러스이기만 하면 된다고 했다. 또한 이런 식으로 투자를 거듭하다 보면 능력 있는 부동산 전문가와 그렇지 않은 전문가도 판단이 된다고 했다.

그에게 부동산은 주식과 같아서, 좋은 물량은 빠르게 잡아야 하는 것이라는 자신만의 관점이 있다. 한마디로 개별 건이 아닌 '포트폴리오 차원의 이익 관리'와 '신속 투자'가 그만이 가진 시각이자 돈 버는 철학이다.

두 사례 중 어떤 사람의 시각이 옳고 다른 사람의 시각이 그른 것이 아니다. 내 발로 가보고 입지를 확인하지 않으면 부동산을 못 사는 사람과, 부동산을 우량주 사듯이 사는 사람의 관점의 차이만이 있는 것이다. 누구는 금으로 안정적인 수익을 거두고, 누구는 빠른 판단으로 물량 귀한 오피스텔을 사서 임대 수입을 얻는 것의 차이만 있을 뿐이다. 중요한 것은 '자신만의 관점을 가졌는가?' 즉, 시각의 유무이다.

## 천만 원을 더 주는 회사로 옮겨야 할까

이직에 대한 자신만의 시각도 중요한 부의 축적 능력이다. 이직을 통한 소득 상승도 중요한 재테크 수단이기 때문이다. 자아실현이나 업계에서의 평판 구축이라는 부분을 배제하고, 커리어를 전적으로 재테크의 수단으로 바라보면 직장에 대한 관점은 많이 달라진다. 물론 개인 가치관에 따라 이런 생각은 호불호가 있을 수 있다. 그러나 나와 가족이 자존감을 지킬 수 있는 최소한의 자본 확립만큼 더 중요한 것이 있을까? 냉정하게 현실을 보면 자아실현을 위해 직장을 다니는 사람들과 생계유지와 노후를 위해 직장을 다니는 사람들 중 누가 더 많은 수를 차지할까? 둘 다 추구할 수 있으면 행복한 일이다. 만일 그렇지 않다면 후자가 더 현실적이지 않겠는가?

그렇게 보면 지금 회사를 계속 다닐지, 회사를 옮길지, 같은 회사 안에서도 부서를 바꿀지 말지 등의 결정을 할 때 향후 10년, 또는 20년 동안 직장에서 벌 수 있는 예상 소득을 기준으로 정하는 것도 하나의 관점, 부와 관련된 시각이다. 만일 퇴근 후나 주말에 다른 재테크를 위한 계획이 있다면 야근이 많은 곳은 피해야 하는 것도 하나의 시각이 된다. 부자가 된 사람들은 회사원으로 억대 연봉을 오래 벌었든지, 사업이나 부동산으로 수익을 거두었든지 사실상 목표한 돈 자체를 달성하는 데 열심인 사람들이다.

이직 상담도 많이 하다 보니 인상적인 상담 사례들이 많다. 중견 기업의 인사 담당자로 커리어를 시작한 한 여성은 현재 외국계 기업의 관리부에서 부장으로 일하고 있다. 그녀는 지난 15년의 직장 생활 동안 평균 3년에 한 번씩 이직했다. 기준은 단순했다.

"연봉을 천만 원 이상 더 주는 곳이 있으면 언제든지 옮겼어요."

물론 사주에 이동을 뜻하는 역마驛馬의 기운이 강하게 있었지만 그래도 개인적인 궁금증 차원에서 왜 그랬는지 물었다.

"20대 중반에 첫 직장에서 사수에게 등에 칼을 맞았거든요."

이렇게까지 무시무시한 표현을 한 것은 바로 윗사람이 자신의 실수를 감추고자 그녀를 중요한 회의에서 모함했기 때문이다. 어떤 사람들은 직장이 원래 그런 것 아닌가 하고 생각하겠지만 자신은 그래서 더욱더 직장은 돈만 보고 다니기로 했다고 했다. 그런 경험을 했다는데 군이 동료들과의 신뢰도 중요하지 않겠느냐고 해봤자 오지랖일 것 같았다. 자신의 시각이 오로지 돈뿐이고 언제라도 이직을 할 수 있는 마음이기에 자신의 주특기가 관리 분야인 것이 특히 감사한 일이라고 했다. 어떤 산업에 근무했는지보다는 일을 잘하는 것 자체가 중요한 분야이기 때문에 자신은 제조업이든 정보기술산업이든 가리지 않고 옮겨 다녔다고 했다.

조직에 대한 충성도가 없기에 믿을 것은 자신의 실력과 성과밖에 없었는데, 다른 사람이 상처를 주건 말건 일만 완벽하게 하는 것을 추구한 덕분에 대내외적으로 몸값도 많이 높아졌다고 했다. 좋은 의미로 역효과가 나타나서 본인도 의외였다고 했다. 직장생활을 외롭게 했지만 첫 직장 동기들보다 더 많은 가처분소득을 토대로 서울에 집 장만도 빨리했고 이제 오피스텔 투자를 알아보고 있다고 했다. 직장생활 내의 인간관계에 정이 없다 보니 남편과 아이들에게 더 애정을 쏟고 잘할 수 있었다고 한 점도 인상적이었다. 21세기에 맞는 행복을 더 잘 추구하고 있지 않나 하는 생각도 들어 쓸쓸함과 부러움이 교차했던 상담으로 기억한다. 적어도 나는 아직 동료가 퇴근길에 술 한잔하자고 하면 거절을 못 하는 성격이기 때문이다. 그러나 개인적 가치관은 이 책의 범주가 아니므로 '돈과 관련된 자신의 명확한 시각을 확립하는 것'이 사주의 재운을 높이는 방법인 것만은 틀림이 없다는 점을 재차 강조한다.

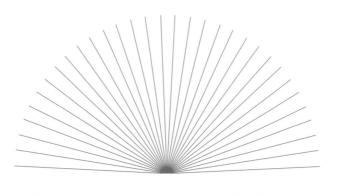

# 그것인지 알아보는 부자의 촉

촉각은 만지는 것이다. 내가 더 돈을 벌고 싶으면 그 대상을 간접적으로라도 경험하고 난 다음에 결정하는 것이 바로 부자의 촉각이다. 보통 증권사 애널리스트라면 담당하는 기업들을 정기적으로 탐방하면서 보고서를 쓴다. 벤처캐피털이나 사모펀드 같은 투자 전문회사들도 기업 실사를 하고 경영자 면담을 한 후에 가치를 평가하고, 투자 결정을 한다. 투자를 직업으로 하는 프로는 투자 대상을 직접 만져보고 투자한다. 부자들의 투자도 프로의 투자와 같다. 일반인들이 하기 어려운 방법도 물론 있다. 토지 매입 규모가 크거나 해외 부동산 투자를 하는 경우 헬리콥터로 위에서 땅을 내려다보고서야 투자를 결정하는 사람들도 있다. 그렇지만 잘 찾아보면, 일반인이 따라 할 수 있는 방법도 많다. 그중 하나가 일명 '낚시 의자' 비법이다.

관심 지역의 아파트에서 상가를 분양한다는 소식을 들은 어느 외국계 기업 엔지니어는 회사에 휴가를 하루 내고 낚시 의자를 들고 해당 아파트 단지에 갔다. 업종에 따라 다르지만 보통 입주되고 일정 시간이 지나고 나서야 상가가 채워진다. 아직 미분양된 상가가 좋은 조건에 나왔다는 정보를 얻은 그는 현장에 가보기로 했다. 보통 사람들이라면 한 시간 정도 둘러보고 부동산 업자나 분양 사무소를 찾아 면담을 한 후에 투자 여부를 결정했을 것이다. 그러나 그는 달랐다.

아침 출근 시간부터 미분양 상가 근처에 낚시 의자를 펴고 앉았다. 출근 시간, 오전 10~11시, 점심시간 전후, 오후 2~4시, 오후 4~6시, 퇴근 시간, 야간 시간으로 종이에 표를 그려놓고 몇 명이 지나가며 어떤 사람들이 지나가는지를 메모했다. 유모차 부대는 몇 시에 지나가는지, 젊은 사람이 많이 사는지, 가족 단위가 많은지, 외지인도 오는지 입주민만이 주 고객인지 기록했다. 가령 학원 같은 경우는 입지가 좋으면 약간 떨어진 지역에서도 고객이 올 수 있다. 물론 기존 입주 상가의 업종과 곧 입주가 결정된 상가의 업태도 분양 사무실에 확인했다. 그리고 주말에 하루 더 나와 주말의 동향을 파악했다. 평일에 외지인이 많이 오는 상가는 주말에 텅 비는 경우도 있기 때문이다. 그러고 나서야 이 입지에 이 가격이면 괜찮다는 확신을 가지고 상가를 매입했다.

물론 위 사례의 경우는 사주 구성이 매우 꼼꼼하고 치밀하며 남을 잘 못 믿는 성격이기는 했다. 그러나 위의 방법은 누가 해도 좋은 방법이다. 이 사람의 임대 소득이 투기에 따른 불로소득이라고 누가 비판할 수 있겠는가. 귀를 열고 정보를 수집하는 것도 물론 수익을 얻기 위한 기본자세다. 그래서 청각을 오감의 첫 번째로 놓은 것이다. 기본은 언제나 진리이기 때문이다. 그러나 자신이 투자하기로 한 대상을 직접 만져보고 감을 얻지 않는 투자는 내가 만난 부자들에게는 낯선 행위다.

만일 자신의 사주팔자가 꼼꼼하지 않게 태어났다면 더욱 이런 부자들의 행동을 따라 해야 한다. 행동을 따라 하다 보면 역으로 태도가 형성된다. 바로 부자의 태도 말이다. 그러면 자신에게 주어진 부의 잠재력을 최대한 활용하는 데 그치지 않고 예상외의 소득이 가능해진다. 사주는 미래를 100% 예측하는 도구는 아니다. 그렇기 때문에 극도의 노력이 의외의 행운을 가져오지 말라는 법이 없다.

# 부자의 운은 현장에 있다

상담을 하다 보면 종종 답답한 경우가 있다. 직장인에게는 이직도 중요한 재테크라고 했는데, 지금 다니는 회사에 불만이 많다고 이직 기회를 주는 회사의 제안을 덥석 잡는 경우를 많이 보았다. 옮길 회사에서 몇 년 이상 다닌 사람에게 소개받거나 확인해보지도 않고, 그 업계의 다른 회사 사람들에게 최근의 회사 평판과 전망을 물어보지도 않고 인사팀 채용 담당자 말만 믿고 갔다가 취업 사기 아닌 사기를 당했다고 후회하는 사람을 보면 사주팔자 탓할 일이 아니라는 생각이 들 정도다. 사실 이 정도는 촉각까지도 아니고 청각 수준일 수도 있다.

촉각은 직접 의사결정의 대상을 만져보는 중요한 작업으로 돈과 관련된 모든 결정과 행동에 필수적인 사항이다. 돈은 내 머릿속에 있지 않다. 지인이 전해주는 정보 속에 있는 것도 아니다. 돈은 바로 현장에 있다. 돈의 현장을 만져보지 않고 결정하는 것은 부자들의 행동이 아니다.

그렇다면 어떻게 돈을 읽는 촉, '촉각'을 기를 수 있을까? 당장 투자할 아이템이 없는데 무슨 현장 방문이냐고 묻는 독자에게는 방법이 있다. 앞서 청각을 이야기할 때에 투자와 관련된 공부를 함께 하거나 정보를 공부하는 모임이 있으면 좋다고 했다. 그런 모임에 몸을 담고 있으면 주말에 지인이 임장 갈 때 운전이라도 대신 해주겠다고 해보라. 다른 사람이 어떻게 현장을 만지는 것을 보는지가 촉각을 기르는 과정의 시작이다. 기왕이면 한두 번 이상 투자에 성공한 사람을 따라다니는 것이 좋다.

물론 혼자 촉각을 기를 수 있는 방법도 있다. 다른 사람을 몇 번 따라다닌 다음에는 가상의 투자 대상을 정하고 실제 투자하는 마음으로 낚시 의자를 들고 가보는 것이다. 요즘 뜬다는 상권 몇 군데를 지정하고 다녀보면 나중에 실제 자신에게 기회가 왔을 때 고민의 시간을 줄여주기도 한다.

또 하나의 방법은 관심 회사 두어 개를 정하고 소량의 주식을 사는 것이다. 그리고 그 회사와 관련된 사람도 만나고, 그 업계의 사람들을 만나면서 얻은 정보를 통해 주식을 매도·매수해보라. 그렇게 자신이 들은 정보를 투자 성과로 잘 활용하는지 체험해보는 것이다. 그러다 보면 다른 종류의 사람을 만나야 할지, 들은 정보는 좋은데 나의 활용이 어떻게 미숙했는지 스스로 판단할 감이 생긴다.

이런 방법이 바로 부자의 촉각을 가지는 시작이다.

# 부동산계의 숨은 수도자 이야기

3년 전 구조조정으로 명예퇴직을 한 50대 제조업체 부장 한 분이 기억난다. 주변의 동료들은 대부분 미래를 걱정하고 있었는데 이분의 표정이 특히 밝았다. 원래 사주 때문에 만난 사이는 아니었지만 그래도 그만 너무 밝았기에 왜 그렇게 표정이 좋은지 물어볼 수밖에 없었다. 이분의 대답이 인상적이었다.

"30대 초반 대리 때부터 지금까지 주말이면 와이프와 중고차에 몸을 싣고 여기저기 부동산을 보러 다녔죠. 무려 20년 이상을 취미 삼아 여행하듯 그렇게 다녔어요. 제조업이 떠오르고 회사가 성장하던 시기에 동료들은 평일 밤엔 술 마시고 주말엔 놀러다녔지만, 저는 평일 밤에 술 안 마시고 돈 모아서 주말에 투자하러 다녔어요. 경기가 좋던 시절에는 밤마다 회식이라 그 자리에 잘 가지 않던 저를 싫어하는 사람도 많았고 그래서 임원이 못 된 걸지도 모르겠네요. 그래도 퇴직 위로금까지 받고 나가는 지금은 웬만한 임원보다 제 재산이 훨씬 많습니다."

최근 경기가 다소 위축되어 월세를 예전보다 적게 받고 있기는 하지만, 여러 도시에 상가를 분산 투자해둬서 한 동네에만 투자한 사람보다 피해는 적고, 적어도 노후는 경제적으로 자유롭다고 했다. 이분의 사주를 물으려다가 말았다. 20년 동안 자신의 욕망을 통제하는 정도의 노력이면 사주가 뭐가 되었건 잘못되기도 어렵다고 느꼈기 때문이다. 지금 그의 동기들 중에는 투자는 투자대로 소홀히하고 위와 간은 술로 망가졌으며 그 와중에 승진에서도 밀려 낮은 직급으로 명예퇴직하는 사람들도 많다. 부동산계의 숨은 수도자를 본 느낌이어서 지금도 스스로 반성이 될 정도이다.

## 나쁜 운을 피해 가는 마음의 부적을 가져라

촉각을 이야기할 때 사기 이야기를 안 할 수가 없다. 아무리 재산을 모아도 사기 한 번에 치명적인 손실을 입는 사람들도 있기 때문이다. 이야기를 들어보면 무언가에 홀린 것처럼 계약서에 사인을 했다고 한다. 사주 분석을 해보면 대체로 그해에 손재수가 들어와 있는 경우가 많다. 그러나 한 해의 운이 나쁘다고 모두 사기를 당하지는 않는다.

그분들이 낚시 의자를 놓고 앉아 살피는 마음을 가졌더라면 손해를 피할 수 있는 경우도 있지 않았을까 안타까운 생각도 든다. 나쁜 운을 피해가는 묘책은 평소에 좋은 습관을 부적처럼 몸에 갖추는 것이다. 어떤 운이 들어와도 나를 보호해줄 마음의 부적 말이다. 그런 면에서 촉각은 정말 좋은 부자들의 부적이다.

# 감이 좋은 사람들의 특별한 비밀

흔히 말하는 이야기 중에 '그 사람은 돈 냄새를 정말 잘 맡는다'라는 말이 있다. 후각은 사실 청각, 시각, 촉각보다 더욱 기르기 어렵다. 타고난 팔자 요소도 일부 있다. 열심히 듣고, 자신만의 관점을 세우며, 현장에서 확인하는 것은 훈련으로 충분히 가능하지만, 본능적인 돈 감각은 사실 배워서 되는 데 한계도 있다. 그래서 후각 부분의 차이가 어찌 보면 타고난 큰 부자의 운과 노력해서 자존자본을 확보하는 정도를 가르는 분기점이 된다. 따라서 독자 여러분이 돈 냄새를 본능적으로 맡지 못한다고 해서 걱정할 필요는 없다.

이 책의 목표는 자존자본의 확보이기 때문이다. 그래도 궁금한 분들이 있을 것이다. 돈 냄새를 잘 맡는 사람들의 행동이 그래서 뭐냐는 궁금함 말이다. 대표적인 행동을 소개하면 다음과 같다.

## 돈 냄새를 잘 맡는 사람들의 습관

우선, 멀쩡한 상황을 뒤집어서 보는 습관이 있다. "왜 이런 것을 안 만들지?", "왜 이렇게 좋은 상품이 안 팔렸을까?", "왜 그런 식으로 물건을 팔지?" 등의 질문을 수없이 한다. 그러다 보면 숨은 보석과 같은 스타트업 기업을 발견하여 초기 투자를 통해 투자금의 수십 배를 벌기도 한다. 어떤 상가를 봐도 "왜 이 업종이 들어와서 좋은 자리가 죽어 있지?"와 같이 다소 삐딱해 보이는 질문을 늘 한다. 물론 너무 앞서가는 판단을 하는 경우도 있어서 간혹 투자에 실패할 때도 있다. 그래서 후각에 기반을 둔 방법을 자존자본 확보가 목표인 사람에게 권하기는 부담이 된다.

후각은 부자들만의 방법이다. 몇 번의 선견지명이 실패해도 한 번의 대박이 나머지 손실을 메꿀 수도 있고, 한두 번의 실패로 자산에 크게 타격을 입지 않기 때문이다. 사실 잠재력이 있는데도 아직 큰돈을 못 번 기회라면 거기에는 그 나름의 아직 돈이 안 된 이유가 있다. 후각이 좋은 사람들은 잠재력을 너무 중시하기 때문에 왜 이 좋은 땅을 사람들이 안 산건지, 왜 이 좋은 회사에 투자자들이 관심을 안 준 것인지의 이유를 간혹 오판하기도 한다. 그래도 현상을 뒤집어 보는 습관은 따라 할 만한 가치가 있다. 자신의 시각 능력을 강화하는 데 도움이 되기 때문이다.

후각이 좋은 사람들의 또 다른 행동은 직관의 중요성을 강조하는 것이다. 나만의 논리적인 시각이 형성되고 그 시각이 발전하면서 시간이 흐르면 나만의 시각은 나만의 직관으로 발전한다. 시각이라는 틀에 따라 논리적으로 기회를 판단하는 능력이, 기회를 보는 순간 바로 그 잠재력에 대한 감이 오는 직관으로 강화되는 것이다. 직관은 남보다 빨리 큰 기회에 투자할 수 있게 하는 능력이지만, 때로는 큰 손해를 가져올 수도 있다. 내 투자 자산의 여유가 적다면 나만의 직관을 기르되 투자할 때는 여전히 시각을 틀로 삼아 논리적으로 판단하는 태도를 견지하는 편이 안전할 것이다.

사실 일반인들이 후각을 중심으로 자산을 늘리는 것이 위험한 면도 있기에 관련된 사례도 적지 않다. 그렇지만 돈을 잃지 않기 위한 후각도 중요하기에 기억나는 사례를 소개한다. 그는 주변에서 어떤 좋은 투자 기회를 권유할 때마다 '나한테까지 연락이 올 정도면 얼마나 다른 사람들이 관심이 없어서 내 차례까지 왔을까'

라는 생각을 먼저 한다고 한다. 그리고 권유하는 사람에게 "내가 몇 번째이냐, 다른 사람들은 왜 거절했냐" 하고 묻는다고 한다. 이런 질문 덕분에 인맥 기반의 투자에서 여러 번 손실을 막을 수 있었다고 했다. 그래도 돈 냄새를 맡는 능력을 키우는 데 여전히 관심이 있다면 이렇게 해볼 수는 있다.

나만의 직관, 즉 나름의 감을 통해 특정한 투자 기회의 가치를 가늠한다. 실제 투자한다면 얼마를 넣을지 가정하고 1~2년 후에 실제 그 금액을 투자했으면 지금쯤 얼마나 벌고 얼마나 잃었을지 확인한다. 큰 이익을 보기 힘든 수준의 소액만 가지고 리스크 높은 주식 투자를 해보는 것도 가능하다. 이런 행동을 반복하면 직관이라는 후각을 기르는 데 도움이 된다. 물론 말은 쉽지만 내 돈이 안 들어갔거나 적게 들어갔는데 지속적인 관심을 진지하게 유지하기는 생각보다 어렵다.

결국 이런 노력은 아무나 할 수 있는 것이 아니기에 누구는 타고난 대로만 주어진 삶을 살게 되는 것인지도 모른다. 반면에 번거로운 과정을 꾸준히 반복한 사람들은 간혹 주어진 운명을 살짝 뛰어넘는 행운의 주인공이 되기도 한다. 선택은 각자의 몫이다.

# 돈은 맛을
# 아는 사람에게
# 스스로 간다

미각이란 맛이다. 부자의 맛이란 한마디로 '돈맛'이다. 돈맛을 아
는 사람은 계속 돈맛을 보고 싶어 한다. 이것을 점잖게 표현하면
성공 경험의 축적이다. 축적된 성공은 나만의 성공 방정식을 갖게
한다. 이런 과정을 통해 계속 돈이 벌리는 맛을 느껴야 돈 버는 재
미를 알게 된다고 수많은 부자들이 이야기한다. 그러나 그 시작이
누구나 클 수도 없고 클 필요도 없다. 오히려 처음부터 큰 목표를
잡았다가 뜻대로 되지 않으면 트라우마만 남을 뿐이다.

아직 내 집 마련을 위해 노력하는 분들이라면 내 집 마련 과정에서의 성공 경험이 좋은 시작이다. 어디를 청약 넣을지 고민하는 과정에서부터 내가 남에게 이 내용을 설명해보겠다고 생각하고 준비하면 더 체계적인 준비를 할 수 있다. 물론 청약은 운도 따르지만 내 조건을 고려했을 때 그나마 확률이 높은 곳은 어디인지, 향후 3~5년 후의 시세는 어떻게 될 것 같은지, 왜 그렇게 생각하는지를 꼼꼼히 정리해야 한다. 내 집을 마련한 후에 부채를 갚는 과정도 미각을 확보하는 체험이다.

중요한 것은 특정 시점에서 경험을 복기하는 일이다. 처음부터 만족스러울 수는 없다. 좋았던 부분, 아쉬웠던 부분 모두가 성공 방정식의 변수가 된다. 부자들의 성공 방정식에도 실패라는 변수가 있으니 실수를 두려워하거나 실수에 실망할 필요가 없다.

집에 대한 첫 경험을 강조하는 이유는 내 집은 내 운의 베이스캠프이기 때문이다. 그리고 투기가 아니라 투자를 하는 올바른 마음을 가지려면 마음의 안정감이 우선이기에 내 집 마련을 예시로 들었다. 물론 재테크 전문가에 따라 이견이 있을 수는 있지만 이 권유는 전적으로 운을 경영하는 관점에 한한다. 그런데 내 집 마련을 하는 과정에서도 배우자나 직장 동료의 권유에 따라 황급히 청약을 신청하는 사람이 있는가 하면 꼼꼼히 몇 개 후보지를 검토하고 현지 부동산을 여러 군데 상담해가며 고르는 사람도 있다.

시작 단계에서의 차이는 경험의 차이를 가져온다. 돈맛을 느끼는 좋은 경험을 누구는 놓치고 누구는 겪는 것이다.

# 큰 재운 없이도 부자의 길을 걷는 예비 부부의 사주

아직 부자는 아니지만 충분히 자존자본을 모을 것이라 확신을 주는 곧 결혼 예정인 커플이 있다. 둘 다 30대 중반인데 예비 신랑은 중소기업 엔지니어로 주식이나 부동산 같은 세상물정은 잘 모르지만 자신의 전문 분야에서는 최고 기술을 가지고 있어서 회사에서 총애받는 인재이다. 예비 신부는 공무원인데 20대에 직장생활을 한 이래 1원 하나 허투루 쓰지 않는 습관을 가지고 있다. 그리고 남자는 여자의 말을 사장님 말보다 무서워한다. 벌써 청약에 당첨이 되어 2년 뒤에 입주할 예정인데 결혼하면 입주 전까지 처갓집에서 살 것이라고 했다. 이유는 단 한 가지, 월세를 아끼기 위함이라고 했다. 두 사람이 그동안 모은 돈에 몇 년만 더 벌면 금방 아파트 대금을 갚을 수 있고, 40세 전에 한 번 더 다른 아파트로 갈아탈 예정이라고 했다.

남자의 사주는 사실 돈에 대한 감각은 약하다. 그러나 근면 성실한 사주이다. 업무에 지장이 있을까 봐 월요일에서 목요일까지는 입에 술 한 방울 대지 않는다. 오로지 금요일에만 술을 마신다. 다음 날 회사에 안 가기 때문이다. 여자의 사주도 사업가 사주도 아니고 횡재가 있는 사주도 아니다. 그러나 가정적이고 매우 꼼꼼한 사주이다. 이런 조합의 부부는 재테크에 있어 성공 확률이 최고인 조합 중 하나이다. 두 사람의 월수입은 정확히 우리나라 평균 직장인 수준이다. 그러나 안정적인 사주의 부부 둘이서 재테크를 가정의 우선순위로 둔 이상 20년 후의 결과는 대기업 직원 안 부럽게 상당히 만족스러울 것이라 장담한다.

부자의 행동, 오감을 마무리하며 꼭 강조하고 싶은 이야기가 있다. 물론 모든 투자의 결과가 예상대로 되는 것은 아니다. 또 모든 시기에 재운이 좋은 것도 아니다. 그러나 우리가 할 수 있는, 운명을 바꾸는 가장 좋은 방법은 '나의 노력으로 내 운명에 개입하는 비율을 높이는 것'이다.

인간은 자연의 일부이기에 자연의 원리에 따라야 한다. 그러나 순리에 따르는 것이 주어진 환경을 받아들이라는 말은 아니다. 인간 발전의 역사가 그래왔다. 자연에 피해를 주지 않는 선에서는 자연의 원리를 이용해서 삶을 개선하는 것은 좋은 일이었다. 부를 축적하는 과정에서도 나의 노력으로 얼마나 내 운명에 개입하느냐에 따라 타고난 팔자를 어느 정도 변화시킬 수 있다. 남에게 피해를 주지 않는 선에서 나와 가족을 위해 꼭 필요한 만큼의 자본을 확보하는 최대한의 노력을 해야 한다. 그러면서 돈의 흐름을 듣고, 돈에 대한 자기 철학을 가지며, 돈이 나올 곳을 발로 누벼야 한다. 돈에 대한 직관까지 있다면 좋겠지만, 작은 성공이라도 경험을 쌓아간다면 자존자본 확보를 위한 부자의 오감은 이미 내 운으로 들어와 있을 것이다.

# 부의 오감 능력 테스트

자신의 오감 능력이 어느 수준인지 사주 분석을 하지 않아도 쉽게 테스트하는 방법이 있다. 사주명리학이 생년월일시를 통해 타고난 자신의 강점을 파악할 수 있는 방법이라면 다음의 테스트는 자신의 살아온 경험을 토대로 현재의 오감 능력 수준을 파악할 수 있는 방법이다.

자존자본 또는 그 이상을 성취하고자 하는 사람이라면 다음 페이지의 테스트를 통해 자신의 오감 능력을 파악할 필요가 있다. 각 질문에 대해 스스로 돌아보아 '매우 그렇다'는 5점, '그렇다'는 4점, '보통이다'는 3점, '아니다'는 2점, '매우 아니다'는 1점을 기록하면 된다.

# [부의 오감 능력 테스트]

| 오감 | 문항 | 점수(1~5) |
|---|---|---|
| 청각 | 1. 나는 투자, 사업, 경력 등과 관련하여 평소 관심 있는 분야에 대해 접근 가능한 정보를 입수한다. | |
| | 2. 나는 투자, 사업, 경력 등과 관련하여 평소 관심 있는 분야에 대한 타인의 생각을 듣는다. | |
| | 3. 나는 투자, 사업, 경력 등과 관련하여 평소 관심 있는 분야에 대한 나의 생각을 말하고 타인의 의견을 듣는다. | |
| 시각 | 1. 나는 투자, 사업, 경력 등과 관련하여 평소 관심 있는 분야에 대한 의사결정 기준이 명확하다. | |
| | 2. 나는 투자, 사업, 경력 등과 관련하여 평소 관심 있는 분야에 대한 의사결정을 단호하게 할 수 있다. | |
| 촉각 | 1. 나는 투자, 사업, 경력 등과 관련하여 평소 관심 있는 분야에 대해 현장을 직접 조사하고서야 결정한다. | |
| | 2. 나는 투자, 사업, 경력 등과 관련하여 평소 관심 있는 분야에 대한 현장 조사 시에 충분한 시간을 할애한다. | |
| 후각 | 1. 나는 투자, 사업, 경력 등과 관련하여 평소 관심 있는 분야에 대해 나만의 직관적인 판단능력이 있다. | |
| | 2. 나는 투자, 사업, 경력 등과 관련하여 평소 관심 있는 분야에 대해 직관적인 판단으로 좋은 성과를 낸다. | |
| 미각 | 1. 나는 투자, 사업, 경력 등과 관련하여 평소 관심 있는 분야에 대해 충분한 성공 경험을 가지고 있다. | |
| | 2. 나는 투자, 사업, 경력 등과 관련하여 평소 관심 있는 분야에 대한 경험을 나만의 성공 방정식으로 성립했다. | |
| 총점 | | |

본인의 합산 점수에 따라 현재 본인의 행동이 얼마나 부를 지향하는지 가늠해볼 수 있다. 이 점수는 사주 자체가 부의 축적을 지향하도록 태어난 사람의 경우이거나 노력을 통해서 부의 오감을 발달시킨 경우를 모두 포함한다.

(51~55점) 자존자본을 확보할 능력과 열정을 이미 갖추고 있다. 지금의 자세로 꾸준히 밀고 나가면 원하는 목표를 이룰 수 있는 확률이 매우 높다. 보통은 사주팔자 자체가 부에 민감하게 태어난 경우가 많지만 어떤 계기를 통한 각성으로 이 수준에 오른 사람도 적지 않다. 이 책의 독자 모두가 이 단계에 오르기를 기대한다.

(45~50점) 자존자본을 확보할 능력을 갖추고 있으나, 당장의 현실 상황에 따라 미래를 준비하는 데 시간을 충분히 사용하지 못하는 경우가 많다. 다시 한 번 나를 위한 열정을 재점검하고 아는 것을 실행에 옮겨야 한다.

(34~44점) 자존자본을 확보할 능력은 아직 부족하나 잠재력이 충분하다. 체계적인 자기 관리를 통해 운명을 개선할 수 있다고 믿고 실천에 옮겨야 한다.

(33점 이하) 자존자본을 확보할 열정 자체가 부족한 수준이다. 열정이 부족하니 자존자본을 확보할 능력을 논하기 이르다. 33점은 평균적으로 모든 항목에 '보통이다'라고 답한 수준이다. 32점 이하는 '아니다'가 적어도 1개 이상 있는 경우다. 능력과 열정이 어느 수준 이하이면 부족한 정도를 세분화할 필요가 없다. 출발선상의 마음으로 나의 미래를 준비해야 한다.

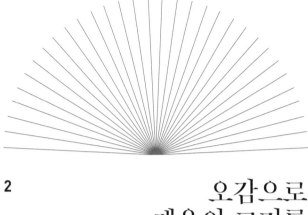

**2**

# 오감으로
# 재운의 크기를
# 최대한 키우는 법

그러면 어떻게 해야 나의 오감 능력을 높일 수 있을까? 사례를 통해 알아보기로 하자.

　다음의 주인공은 설문에서 23점을 얻은 사람이다. 대부분의 항목에 2점을 답했고, '나는 투자, 사업, 경력 등과 관련하여 평소 관심 있는 분야에 대해 접근 가능한 정보를 입수한다' 항목만 3점 '보통이다'를 답했다. 한마디로 자존자본을 확립할 의지가 약한 상태이다. 현재 하는 일은 중견기업 관리파트의 중간 관리자이며 외근을 나가는 일도 없고, 과중한 업무로 야근도 많기에 재테크에 대한 정보를 얻기에는 시간이 부족하다고 했다. 회사 분위기가 장기근속을 하는 편이라 당분간 이직 계획도 없으니 소득이 갑자기 늘어날 일도 없는 상황이었다. 주택은 수도권 아파트에서 전세를 살고 있으며 성실히 저축은 했기에 내 집 마련은 조만간 하고자 하나 충분히 시장조사를 한 상황은 아니라고 했다. 그렇지만 자녀교육 및 노후대책을 위한 추가 자금에 대해서는 고민이 많은 상황이었다.

## 재물의 기회는 큰데 내 운이 약할 때

다음 페이지의 원국표와 함께 살펴보자. 사주의 주인공은 편재를 조절역량으로 사용하고 있다. 편재를 조절역량으로 쓴다는 것은 큰 재물에 대한 인연도 있지만 너무 과욕을 부리면 돈이 새나갈 수 있음을 뜻한다. 더욱 중요한 점은 이 사주가 신약사주라는 것이다. 신약사주는 정인, 편인, 비견, 겁재와 같이 자신의 힘을 더해주는 기운보다 나를 제약하는 정관이나 편관, 내 기운을 빼내는 식신, 상관, 정재, 편재가 더 우세한 사주이다. 내 기운이 약하니 재물인 편재를 준비 없이 욕심내고 취하려고 하면 손해를 볼 수 있다. 이것을 재물의 기회는 큰데 내 기운이 약하다는 의미로 '재다신

오감 능력 테스트에서 '열정 부족(23점)'에 해당하는 사람

## 사주팔자

|  | 시 | 일 | 월 | 연 |
|---|---|---|---|---|
| 십신 | 편관 | 본인(我) | 겁재 | 편재 |
| 천간 | 壬 | 丙 | 丁 | 庚 |
| 지지 | 辰 | 申 | 亥 | 申 |
| 십신 | 식신 | 편재 | 편관 | 편재 |

## 대운

| 나이 | 77 | 67 | 57 | 47 | 37 | 27 | 17 | 7 |
|---|---|---|---|---|---|---|---|---|
| 십신 | 정인 | 편인 | 정관 | 편관 | 정재 | 편재 | 상관 | 식신 |
| 천간 | 乙 | 甲 | 癸 | 壬 | 辛 | 庚 | 己 | 戊 |
| 지지 | 未 | 午 | 巳 | 辰 | 卯 | 寅 | 丑 | 子 |
| 십신 | 상관 | 겁재 | 비견 | 식신 | 정인 | 편인 | 상관 | 정관 |

## 십신역량분석표

| 십신의 개수 | 해당 십신 | 십신 위치 | 해당 역량 |
|---|---|---|---|
| 6~7개 | – | – | – |
| 3~5개 | 편재 | 연간, 연지, 일지 | 조절역량 |
| 2개 | 편관 | 월지, 시간 | 부핵심역량 |
| 1개 | 식신 | 시지 | – |
| 1개 | 겁재 | 월간 | – |
| 없음 | 비견, 정인, 편인, 상관, 정관, 정재 | – | 보완역량 |

약' 사주라고 앞에서 다루었다.

재다신약 사주에 편재가 조절역량이니 편재를 함부로 사용할수는 없다. 따라서 부핵심역량인 편관을 중요하게 사용한다. 관운의 한 종류인 편관을 사용하니 첫 직장에서 오래 일한 본인의 상황과도 부합한다. 앞으로도 현 직장을 오래 다닐 것으로 예상된다.

그러면 이 상황에서 어떻게 부에 대한 오감을 더 높여 적합한 지역에 내 집 마련을 하고 이어서 추가 필요자금도 벌 수 있을 것인가? 편재를 조절역량으로 쓰기에 준비 없이 욕심을 부리면 낭패를 보는 사주라고 했다. 더구나 사주에 공부, 학문을 뜻하는 정인이나 편인이 없다. 재다신약 사주이니 재테크를 하려고 한다면 투자를 위해 준비가 남보다 더 철저히 필요한데 정인이나 편인은 타고나지 않은 보완역량이라서 자율적으로 맡겨도 재테크 공부를 잘 하지 않게 된다.

달리 말하면 편관운을 사용하므로 회사에서 열심히 일하는 것에 주력하다 보니 공부할 마음의 여유가 없게 된다. 승진을 위한 어학시험이나 자격증 취득 같이 회사 업무와 연계를 하면 공부를 일하는 마음으로 하게 된다. 그러나 구체적인 이벤트 없이 단순히 부동산 공부를 하라, 주식 공부를 하라는 식으로 조언해서는 오래 공부하지 않게 된다. 따라서 앞 사례의 주인공은 두 가지 방법 중 하나를 고려해야 한다.

첫째, 본인은 월급만 안정적으로 벌어오고 재테크는 배우자에게 맡기는 경우이다. 둘째, 배우자가 본인보다 재테크에 적합하지 않으

[부의 오감 능력 향상 플랜(단기 6개월)]

| 오감 | 문항 | 시기 |
|---|---|---|
| 청각 | 경제신문 구독: 부동산 관련 페이지 및 현 근무 회사가 속한 산업과 관련된 기사 모두를 스크랩 | 즉시 |
| | 친한 직장동료와 함께 인터넷 부동산 커뮤니티 가입 | 1개월 후 |
| | 가입한 부동산 커뮤니티에 관심 지역 문의 | 2개월 후 |
| 시각 | 현 재산과 가족의 라이프 스타일을 고려해 아파트 구매 또는 청약 신청을 위한 우리 가족만의 선정 기준 도출 | 2개월 후 |
| | 내 집 마련 후보지역 단지 4~5개 선정 | 3개월 후 |
| 촉각 | 주말을 이용하여 4~5개 후보지역의 부동산 업체 상담 및 일부 세대 방문 | 3개월 후 |
| | 평일 휴가를 내 1~2개 선호지역 학군 및 상권 탐방 | 4개월 후 |
| 후각 | 가급적 현지에서 1년 이상 거주 주민과 개별 면담 실행 | 5개월 후 |
| | 거주 주민 도움을 받아 지역 커뮤니티에 의문사항 문의 | 5개월 후 |
| 미각 | 아파트 선정 기준 및 가족과의 상담을 토대로 투자 결정 | 6개월 후 |
| | 아파트 계약 후 지난 6개월간의 준비 및 실행 과정 정리 | 6개월 후 |

면 힘들어도 본인이 노력해야 하는 경우다. 배우자 사주를 보니 본인이 재테크를 하는 게 그래도 낫겠다는 판단이 들었다. 현재 '내 집 마련'이 최우선 과제이므로 다음과 같이 계획을 세웠다.

앞서 설명했듯이 내 집은 내 운의 베이스캠프가 된다. 마음의 안정감을 줄 뿐만 아니라, 미래의 부를 끌어오는 발판이 되기에 어디에 어떻게 집을 마련할 것인가는 매우 중요하다.

사례의 주인공은 아직 후보지역 실사 단계인데 직장생활을 중시하는 사주임을 고려해 친한 동료와 함께 부동산 스터디를 하는 것을 추천했다. 사주상 재테크 공부가 쉽지 않은 사람에게 한번에 많은 것을 주문해서도 안 되고 어떤 목표 없이 공부하라고 해도 곤란하다. 그리고 위의 계획은 부부가 동의한 것이고 배우자가 매주 점검해주고 중요한 결정 및 현장 방문은 꼭 함께 하도록 하여 자칫 미루게 되는 상황을 방지하고자 했다. 아파트 구매가 성공적으로 이루어지면 잠시 휴식을 가진 후에 안정형 부동산이나 우량채권 등 리스크가 적은 상품 중심으로 금융공부를 하고 작은 것부터 투자를 실행하는 계획을 다시 세울 것을 권했다. 타고난 사주가 투자에 유리한 구조는 아니고 직장에 헌신하는 팔자였지만 성실함을 무기로 차곡차곡 모은 원금을 안정된 자산에 투자하는 것으로 충분히 자존자본을 확보할 수 있을 것이라 믿는다.

# 주변의 좋은 기운이 내 기운도 상승시킨다

재테크 사례뿐 아니라 자영업자의 사업 관리 및 직장인의 커리어 관리와 같이 자존자본을 확보하는 데 중요한 주제에 대해 부의 오감을 높이는 단기 계획을 세우는 것도 가능하다. 특히 중요한 것은 현실적인 계획을 세우고 가족이나 친구가 정기적으로 진행 경과를 확인해주는 것이다. 혼자 하는 계획과 실행은 아무리 의지가 강한 사람도 끝까지 해내기 쉽지 않다. 하물며 타고난 사주를 개선하기 위해 노력한다면 더욱 주변의 도움에 힘입어야 한다. 주변 사람의 좋은 기운을 받아 나의 기운도 상승시킨다고 생각하면 이해가 쉽다.

# 운에 맡기지 말고,
# 운을 경영하라

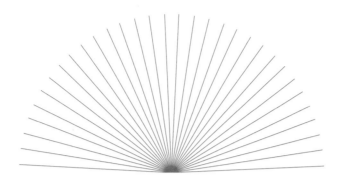

# 1
인생의 길흉화복은
마음가짐에서 시작된다

부富에 대한 잠재력을 올리는 방법으로 부자처럼 행동하는 방법뿐
아니라 부자처럼 생각하는 것도 역시 중요하다. 지금부터 설명하
는 부자들의 생각은 직접 상담했던 대상자들 중 자산 50억 원 이
상인 사람들과의 면담을 통해 그들의 생각을 정리한 것이다. 이들
은 모두 자신의 힘으로 재산을 모은 사람이었고 아직 부자가 아닐
때부터 이런 생각들을 해왔다. 그들은 모두 자신의 부에 대한 사고
방식이 부자가 되는 데 도움이 되었다고 입을 모았다.

사주명리 관점에서 마음가짐이 인생에 미치는 영향은 매우 크다. 단, 그 마음가짐이 내 행동을 제어할 수준이 되어야 한다. 많은 사람들이 결심은 쉽게 하지만 그것이 변치 않는 마음으로 자리 잡았는지는 행동을 보고 판단한다. 오히려 행동을 먼저 익히는 것이 마음을 다잡는 것보다 빠르다고 할 수 있다. 그래서 부자처럼 '생각'하기보다 부자처럼 '행동'하기를 부자의 오감이라는 주제로 먼저 소개한 것이다. 그러나 결국 내 마음이 강한 결심을 하고 스스로 내 행동을 움직여야 비로소 나의 의도가 내 태도를 만들고, 내 태도가 내 행동을 만들 수 있다. 결국 행동만이 타고난 운명의 잠재력을 모두 사용할 수 있게 만든다. 그래야 자존자본을 성공적으로 확보할 수 있다.

## 타고난 운을 극대화하기 위해서는

사실 노력으로 운명을 바꾼다는 말이 맞는지, 운명의 잠재력을 모두 활용할 수 있는지에 대해서는 여러 의견이 있을 수 있다. 그러나 한 가지 확실한 것은 우리는 타고난 팔자의 글자들이 가지고 있는 기운을 충분히 사용하며 살고 있지 않다는 것이다. 그러기 위해서는 앞서 원하는 것을 얻은 사람들의 행동을 따라 하고, 나아가 그들의 생각을 내게 맞게 체화할 필요가 있다. 물론 개인의 사주에 따라 맞아떨어지는 핵심역량이나 조절역량 등은 다르다. 다만 자신의 역량을 최대한 활용하는 데에는 크게 성공한 사람들의 검증된 방법을 자기 사주에 맞게 벤치마킹해서 적용하는 것이 크게 도움이 될 것이다. 마음가짐에 따라 타고난 운명을 바꿀 수도, 운명의 잠재력을 극대화해 폭발시킬 수도 있다. 이제 부자들의 생각들에 대해 이야기해보자.

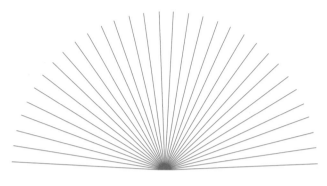

**2**

## 당신이 아니라 돈이 일하게 하라

어떤 게임을 해도 그 게임의 규칙을 알아야 참여할 수 있다. 단지 참여하는데도 규칙을 알아야 하는데 그 게임에서 이기려면 규칙에 통달해야 한다. 마찬가지로 자본주의 사회에서 원하는 만큼 돈을 벌려면 그에 알맞은 게임의 규칙을 익혀야 한다고 부자들은 생각한다. 그중에 한 자산가로부터 들은 인상 깊은 이야기가 있어 소개한다.

"자본주의에서 개인이 돈을 버는 방식은 세 가지가 있습니다.

아십니까?"

　나는 경제학 수업에서 배운 생산의 3요소를 말하는 것인지 물었다. 그는 돈 버는 이야기를 하는데 학문 이야기를 하는 필자를 답답한 눈으로 쳐다봤다.

　"돈 버는 방법은 죽자 사자 공부해야죠. 그러나 학문을 해서야 언제 돈을 벌겠습니까."

　하지만 별로 기분이 나쁘지 않았다. 내 팔자가 어차피 큰 부자가 될 팔자는 아닌 것을 알고 있었기 때문이다. 그저 자존자본만큼만 벌면 만족할 수 있었기에 담담한 마음으로 물었던 것이다. 뒤이어 그가 답했다.

　"자본으로 돈을 벌든가, 기술로 돈을 벌든가, 노동으로 돈을 버는 겁니다."

　그의 설명을 좀 더 들어보니 자본을 가진 사람이 돈 버는 방식을 구상하면, 기술을 가진 사람은 사업이 움직일 수 있도록 자본가의 구상을 상세히 설계하고 잘 돌아가는지 관리하며, 노동을 하는 사람은 실제 사업 모델을 움직인다는 것이다. 들어보니 쉽게 이해가 되었다. 어차피 그가 학자도 아니고 법률가도 아니기에 학문적 의미는 중요하지 않았고, 늘 법을 준수하며 돈을 벌어온 사람이기에 그의 생각을 비난하고 싶지도 않았다. 다만 그와 같은 생각을 주변의 부자들이 많이 하고 있다는 점이 중요했다.

그가 하는 이야기의 핵심은 자신이 원하는 만큼의 목표가 생기면, 그중에 얼마만큼은 자본으로 벌고 얼마만큼은 기술이나 노동으로 벌 것인지 각자가 생각과 계획을 가져야 한다는 것이었다. 당연히 자본주의 사회이기에 '자본'이 돈을 벌게 할 때 가장 그 효과가 크다고 했다. 물론 본인도 평생해온 생업에 애정이 있기에 기술과 노동의 비중을 전혀 없애지는 않겠지만, 자본이 일하도록 하는 비중은 나이가 들어감에 맞춰 더 늘릴 것이라고 했다. 사실 그도 젊을 때는 자신의 노동력으로 유통업을 시작해서 초기 자본을 일구어, 내 집 마련도 했는데 그때까지만 해도 투자라는 개념이 머릿속에 전혀 없었다고 했다. 게다가 자본이 돈을 벌게 한다는 어려운 개념은 생각조차 못 했다고 했다.

30대 후반까지 유통업을 계속하며 대부분의 시간을 기술과 노동으로 돈을 벌기를 지속했고, 누가 어느 주식이 좋다고 하면 조금 샀다가 파는 정도만 자본이 돈 벌게 하는 일에 관여했다고 한다. 그러다가 매입 자재를 쌓아놓을 야적장을 싼값에 매입했는데 그 가치가 주변의 부동산 개발과 함께 폭등하는 경험을 했다고 했다. 그때 비로소 그는 자본이 움직이는 방식에 눈뜨게 되었다. 그 뒤부터는 정말 아끼고 아껴 자본금을 마련했고 창고 부지 하나를 선정할 때도, 대리점 하나를 더 낼 때도 상권을 발로 뛰고 지역의 개발 정책까지 조사해가면서 투자했다고 했다.

# 부자의 생각은 당신과 다르다

그는 지금 아주 큰 부자이지만 자본주의 사회에서 자본이 돈 벌게 하는 게임에 참여하지 않는 사람은 안타까운 사람이라고 했다. 그가 보기엔 필자도 안타까운 사람에 속할지도 모른다. 그렇지만 평생을 현장 비즈니스만 하며 자본 레버리지라는 어려운 단어를 몰랐을지언정, 반평생 자본이 레버리지되는 일을 실천한 그가 하는 말이라 경청할 수밖에 없었다.

물론 그의 생각에 동의하느냐 마느냐는 가치관의 차이이다. 그러나 그 또한 자신의 생업인 유통업에 애정이 있다는 점을 떠올려 보라. 회사를 다니며 월급을 받든지 소규모 자영업을 하든지, 많은 사람이 적금 하나 들 때도 이자율을 비교하며 신중히 고르는 것 자체가 어차피 자본으로 돈 버는 방식에 참여하는 것이다. 다만 그의 경우 생업으로 일군 자산의 비중보다 자본의 회전으로 이룬 자산 비중이 월등히 크다는 점이 다른 것이다. 물론 그는 유통업이라는 특수한 환경에서 창고와 대리점에 투자할 수밖에 없는 상황에도 도움을 받았을 것이다.

그러나 모든 유통업자가 이런 마인드를 가지지 않는다. 그의 조언을 떠올리며 내가 목표한 자존자본 금액의 몇 퍼센트를 자본이 일하게 하고, 나의 기술과 노동이 일하게 할 것인지 고민해야 한다.

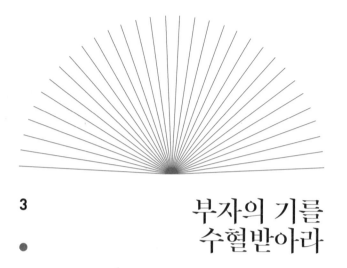

3
●

# 부자의 기를
# 수혈받아라

부자들이 공통적으로 가진 습관 가운데 또 하나는 돈에 대한 목표
와 관점이 비슷한 사람들과 자주 모이는 것이다. 그들은 성공한 다
음에는 미술품이나 해외가구 동호인 모임 등을 통해 만나고 있지
만, 과거에는 주기적으로 같이 골프를 치면서라도 투자 정보를 공
유하고 서로의 계획에 피드백을 주는 모임을 했다는 것이다. 처음
사업을 시작할 때는 모은 돈도 없고 사모임에 대한 개념 자체가
없어 누가 사업이나 투자에 도움이 된다고 하면 찾아가서 인맥을

쌓는 식으로라도 했다고 했다.

내가 만난 부자들 중에 사업과 투자를 통해 부자가 된 사람들이 많기는 하다. 그러나 성실한 회사원 생활을 통해 자신의 몸값을 차근차근 올리며 배우자와 함께 다양한 재테크를 공부해서 월급의 일정 부분을 투자해 퇴직할 때 50억 원 이상의 자산을 확보한 경우도 있다. 후자의 경우도 중간 관리자가 되어 회사에서 어느 정도 입지가 생긴 다음부터는 투자와 관련된 공부 모임을 지속적으로 유지한 경우가 많다.

그런데 그들이 하는 말들 중에 재미있는 것이 있었다. 바로 뜻이 같은 사람, 잘된 사람들의 기氣를 받으라는 것이었다. 그 '기'라는 것에는 정보도 있고 용기도 있다고 했다. 사실 정보도 내가 적극적으로 활용하지 않으면 죽은 스토리라고 했다. 내가 그 정보가 가지고 있는 생명력을 알아채고 긍정적으로 수용할 때 돈이 되는 것이기에 살아 있는 정보는 일종의 '기'라는 것이다. 그리고 이제 포기할까 하는 마음이 들 때 목표가 같은 사람들의 이야기를 듣고 다시 힘을 내는 것이야말로 기를 받고 용기를 회복하는 것이라고 했다. 이것은 사주명리 차원에서도 타당한 논리다.

실제 한 사람 한 사람이 생년월일시 정보에서 파생된 8개의 글자, 팔자를 가지고 있다. 내가 누구를 만나서 교류를 하면 그 사람의 팔자와 내 팔자가 서로 교류하는 것이다. 당연히 생명의 기운이 오간다. 오래 지속되는 모임은 대부분 굳이 궁합을 따져보지 않아도 구성원 사이에서 서로 돕는 기운이 강하다는 뜻이다. 그런 모임을 통해 긍정의 기운을 받는 것은 내 사주의 약한 부분을 보완하는 의미가 된다. 만일 모임의 특정 사람이 나와 잘 맞지 않으면 만날 때 멀찍이 떨어져 앉으면 되고 그의 제안을 정중히 거절하면 된다. 그 사람 한 명 때문에 나의 운을 더욱 좋게 할 수 있는 기회를 놓칠 이유는 없다.

## 귀한 처세가 귀한 운명을 만든다

꼭 재테크가 아니더라도 경력 관리 차원에서도 기를 받는 일은 중요하다. 회사에서 높은 사람이 퇴근 후에 같이 저녁 먹자고 하면 여러 이유를 둘러대며 불참하는 사람이 있는 반면, 비 오는 날 먼저 상사에게 부침개에 막걸리 한잔하자며 다가서는 사람도 있다. 아부하는 것이 아니라 먼저 성공한 상사의 기를 개인적인 저녁 시간에 받는 일이다.

가령 대기업 직원 중에서도 젊어서부터 회장실 소속으로 일하는 경우, 대부분 임원으로 승진하는 데 유리하다. 회장실에서 일한 직원들을 두고 '어르신 모셔서 특별한 혜택을 봤다'고만 편협한

눈으로 바라보는 사람은 아직 출세할 마음가짐이 안 된 것이다. 잠재력이 있으니 어릴 때 회장실 소속으로 발탁되었는데, 자산가인 회장님, 성공한 사장님들의 기를 젊어서부터 받으니 자신의 잠재력이 더 잘 발휘되었다고 보아야 한다.

스스로 생각해보라. 나는 잘나가는 사람이 있는 곳을 발 벗고 찾아가는가, 잘나가는 사람을 만날 기회가 있어도 어색하게 피하고 있는가?

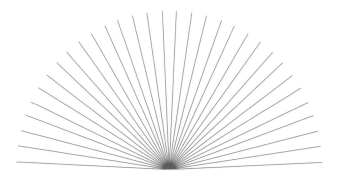

**4**
●

# 내 목표는
# 절대평가 대상이다

부자들을 상담하면서 많이 들었던 이야기는 남과 비교하지 말라는 것이었다. 아니, 앞에서는 잘나가는 사람들을 찾아가라고 하면서 어떻게 자신과 남을 비교하지 않을 수 있느냐고 물을 수 있다. 만일 '나와 남을 계속 비교하며 자극받는 것'을 성공한 사람을 만나는 목적으로 안다면 잘못 이해한 것이다. 정보를 받고 용기를 받는, 한마디로 '기'를 받는 것과 그들과 나를 비교하는 것은 전혀 다른 것이다. 나와 남의 최종 목표는 대부분 다르고, 서로 살아온 인생 항로도 다르다. 게다가 내가 잘된다고 그 사람이 망하는 것도 아니고, 그가 돈 번다고 내 이익이 줄어드는 것도 아니다. 상권이 겹치는 곳에서 동종의 사업을 하거나 사내에서 승진 경쟁을 하는 것이 아니라면 각자 개별 플레이다. 큰 부자가 되든, 자존자본을 확립하는 게임을 하든 성공은 명확히 절대평가라는 사실을 깨닫고 마음을 여유롭게 가져야 한다. 그래야 주변에서 얻는 것이 크다.


## 남과의 비교는 오는 운도 막는다

그러나 종종 남과 자신을 비교하며 힘들어 하는 사람들이 있다. 힘들어 하는 것이 문제가 아니라, 비합리적인 결정을 하게 되어 큰 자산의 손실을 보거나 좋은 투자 기회를 놓치는 경우가 있어서 경계해야 한다는 것이다.

최근 한 사업가에게 들은 사례를 하나 소개한다. 그는 사업에서 크게 성공해 요즘은 스타트업 사업에 엔젤투자를 하기 시작했는데 어느 날 젊은 스타트업 사업가를 소개받았다고 했다. 사업 모델이 너무 좋아서 4~5억 정도 투자할까 이야기를 건넸더니, 그 스타트업 기업가는 20억 이하의 투자금은 받지 않겠다고 했다는 것이다. 나중에 들어보니 주변에 성공한 사업가 선배들이 최근 수십 억의 펀딩을 성공받아서, 자기도 그 정도 투자금은 받아야겠다고 처지를 잘못 인식한 것이었다.

　다른 일례로 부동산 분야에서 자기 수준에 맞지 않는 투자를 해서 오히려 피해를 입는 경우도 많다. 내 집 마련조차 아직 안 되었는데도 주변 친구들이 권하는 고위험 임야지역에 투자했다가 손해를 본 이야기를 들었다. 왜 그랬느냐고 했더니 반쯤은 기회가 좋아 보인 것도 있지만 반쯤은 체면 때문이었다는 의외의 대답이 돌아왔다. 나는 안 그럴 것 같지만 오랜 시간 함께 보낸 사람들의 영향을 받다 보면 내게도 그런 일이 없으리란 보장이 없다.

　이 사례를 소개한 자산가의 추정으로는 같이 어울리는 상황에서 체면 때문에 '노'(No)를 못 한 것 같다고 했다. 사람 일이 안 되려면 다소 어이없게도 일이 꼬이는 법인데 다만 이 사례는 그 결과가 너무 가혹했다. 투자에 완전히 실패했기 때문이다. 부자의 사례라 현실적이지 않다고 생각되는가? 실제 고등학교 동창들끼리 땅을 보러 갔다가 자신의 자산 수준 대비 무리하게 토지 매입을 하고나서 땅값이 안 오른다고 후회하는 사람이나 친구들이 투자하는 주식에 무리하게 투자했다가 손해 보는 경우도 어느 정도 같은 마음이지 않을까. 직장 상사가 믿다고 어떤 회사인지도 알아보지 않고 이직을 했다가 더한 사람을 만나는 경우도 자신의 성공을 절대평가로 바라보지 못하기 때문이지 않을까.

# 지난 실패를 깊게 복기할 때

절대평가 마인드를 가져야 하는 또 하나의 이유는 지나간 실수를 잊어야 하기 때문이다. 상대평가는 주변 사람과의 비교도 있지만 과거의 나와의 비교도 포함한다. 어떤 사업가는 자신과 다른 두 명이 동업한 벤처회사에서 2년 정도 있다가 사업성이 낮다고 판단해 회사를 떠났다. 그리고 다른 투자자에게서 돈을 받아 새로운 사업을 시작했다. 그런데 자신이 떠난 회사가 1년도 안 되어 기업 가치가 오르며 다른 두 명의 동업자가 돈방석에 앉게 되었다. 그런 모습을 보니 너무 속상해서 새로운 사업에 집중이 되지 않았다. 물론 사람인 이상 속이 쓰리지 않을 수가 없다. 너무도 당연하다.

그러나 나의 운명적 성공은 아직 때가 오지 않았다고 결연히 마음을 다잡을 줄 아는 사람만이 좋은 사업 인연을 만날 수 있다. 부동산이나 주식 투자에서 큰 실패를 맛보았다고 평생 부동산과 증권은 안 한다는 트라우마를 간직하는 것은 합리적이지 않다. 내가 왜 그때 실패했는지 복기하고 그 실패에 당당히 맞서면 자신의 성공 방정식이 더 강해지는 전화위복이 된다. 나만의 비전을 절대평가 관점에서 바라보는 일은 자존자본 확립을 원한다면 더욱 중요하다. 자존자본은 남과 경쟁하는 게임이 아니라 자본주의 사회 속에서 나의 자존감을 위한 최소한의 요건을 갖추는 생존권 확보의 영역이기 때문이다.

**5**

# 뛰면서 생각해야
# 운이 깨어난다

한때 '속도보다 방향이 중요하다'라는 말이 유행했다. 개인적으로 동의하는 말이다. 일희일비하지 말고 내 목표를 지켜나가자는 뜻에 반대할 이유가 없다. 그런데 비전 관점에서는 옳은 이 말을 전략적, 전술적으로는 반대로 생각해야 할 때가 있다는 것이 부자들의 생각이다. 때로는 방향보다 속도를 중시해야 한다.

사업이나 투자 기회를 눈앞에 두면 지금 현재에는 정확히 방향 설정을 하기 어려운 때도 있는데, 이럴 때는 가만히 방향이 보일 때까지 기다리기보다 '먼저 발을 담그고 뛰면서 생각하라'는 것이다. 특히 벤처 사업으로 성공한 분들이 이런 이야기를 많이 한다. 이미 성공한 지금 돌아보면 2~3년 전 사업을 시작할 때의 사업 모델과는 크게 다른 비즈니스를 하고 있지만, 당시에 일단 시작하지 않았다면 지금 여기까지 오지 못했을 것이라고 했다. 혹자는 이것을 '피벗팅'(pivoting)이라고 한다. 농구에서 한 발을 고정하고 다른 발로 이 방향 저 방향 왔다 갔다 하며 방향을 바꾸는 동작을 가리키는 용어가 피벗팅인데 사업에서의 피벗팅은 중심을 지키되 전략, 전술의 유연한 변화를 시도한다는 의미이다. 새로운 사업은 미리 모든 방향을 정하기 어려워 유연한 접근이 선호된다고 보면 이해가 쉽다.

그런데 개인 차원에서의 투자, 사업, 커리어 변화에 있어서도 고민만 하기보다 뭐라도 시도하면서 전략을 가다듬는 것은 급변하는 현대사회에서 의미가 있다.


## 움직일 때 운이 붙고 생명력이 생긴다

사주명리를 역학易學이라고도 한다. '역'易은 '바꾼다'는 뜻이다. 면면히 흐르는 음양오행의 기운은 고정불변한 것이 아니라 시간과

장소에 따라 그 모습이 계속 변한다고 본다. 그 변화 속에서 자연도 변하고 개인의 길흉화복도 변한다고 본다. 사회도 자연의 일부이기에 나와 나를 둘러싼 사회와 자연이 계속적으로 변하는데 나또한 흐르는 물처럼 유연성을 가지는 '피벗팅'의 자세는 '역'의 원칙과 부합한다.

방향보다 속도라고 하니 무조건 빠르게 일을 하라는 뜻으로 오해하면 곤란하다. 여기서의 속도는 움직일 '동'動을 뜻한다. 사람은 움직여야 하는 존재이다. 살아 있는 존재이기 때문이다. 움직일 때 생각에 기운이 붙고 생명력이 생긴다. 부를 쌓는 과정이 면벽수도하듯이 어느 날 도를 깨우쳐 돈 버는 방법이 생각나는 것이라고 생각하면 오산이다. 이런저런 책도 보고, 여러 사람과 이야기도 나누고, 관심 있는 현장에 나가보면서 계속 움직이는 과정에서 부의운이 생성되는 것이다. 사실 인간사의 모든 성공은 부이건 명예이건 사랑이건 움직일 때 좋은 기운도 생긴다. 돈을 버는 과정도 인간사의 원리 중 한 가지 주제일 뿐이다.

주식에 관심이 있는데 막상 시작하려니 두려운가? 외식 두어 번줄이고 주식 투자 관련 책을 사서 읽고, 10만 원으로 주식 계좌부터 만들어보라. 주당 1만 원 미만의 주식으로 투자 경험부터 해보라. 부동산 투자를 하고 싶은데 돈이 없는가? 일단 내 집 마련 계획부터 세워보라. 그러면 초기 투자금을 모으기 위해 자연스럽게 절약을 실행하게 될 수도 있다. 어느 날 그동안 흘려들었던 경제 뉴스가 귀에 쏙쏙 들어오고 포털사이트의 유명 재테크 커뮤니티에 가입하고 있는 자신을 발견할 것이다.

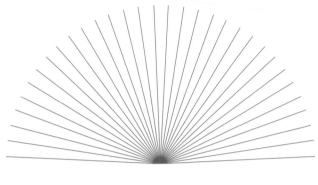

**6**

# 실패 속에 살아 있는
## 가장 좋은 운

부자라고 해서 우여곡절이 없었던 것이 아니다. 어떤 부자도 수십
년 동안 고통 없이 승승장구했다는 이야기는 아직 들어본 적이 없
다. 사주명리 관점에서도 말이 안 된다. 어떤 사람이라도 오르막
이 있으면 내리막이 있다. 다만 남들 보기에 각자의 고통이 안 보
일 뿐이다. 잘나가는 사람이라 해도 힘든 마음을 일부러 남에게 내
보이지 않을 뿐, 모두 어려움을 겪고 있는 것이다. 그런데 내가 만
난 부자들의 상당수는 어려운 시기에 겪었던 일들 중에 후일 도움

이 되었던 것들이 많았다고 했다. 고통스러운 시절도 좋게 기억하는 긍정적인 마인드를 가진 사람이 부자가 된다고 볼 수도 있다. 그러나 이러한 부자들의 주장은 긍정 심리학을 넘어, 그보다 더 넓은 의미를 가지고 있다.

가령, 젊을 때 잘못된 종목에 투자해서 큰돈을 날렸는데 그때 공부했던 산업 지식이 5년 후에 사업할 때 크게 도움이 되었다든가, 회사원 시절 남들이 기피하던 오지에 마지못해 주재원으로 나갔는데 그때 보았던 새로운 시장 기회로 무역업을 창업하게 되었다는 식이다. 집 나간 말이 다른 말을 가져오고, 가져온 말 덕분에 다리를 다쳤지만, 그 덕분에 전쟁터에 나가지 않게 되었다는 새옹지마의 속담이 강조되는 이유이다.

그런데 왜 누구는 실패하거나 마지못해 한 일에 대해 불평하고 불만스러워하는 것에서 그치고 말지만, 다른 누구는 새로운 기회로 연결시킬 수 있는 것일까? 내가 겪는 하루하루의 어떤 경험도 소중한 자산이 될 수 있다는 '오늘 중시 철학'을 부자들이 가지고 있기 때문이다. 언뜻 미래를 예측한다고 알려진 '사주명리'의 관점과 배치되지는 않는지 의문이 들 수 있다. 그러나 사주는 미래의 환경변화를 예측해서 오늘 최선의 의사결정을 하도록 돕는 학문 분야이자 의사결정 보조도구이다. 사주로 100% 개인의 미래를 맞춘다고 장담하는 역술인을 본 적이 없다. 다만 각자의 사주 구조와 대운의 전개 패턴 등에 따라 어떤 분야에 장점이 있고 어느 시기에 기회와 위험이 있는지를 예상한 후, 그렇다면 바로 오늘 지금 무엇을 할 것인가에 초점을 맞출 뿐이다.

## 명리를 운명의 일기예보로 활용하는 지혜

사실 사주명리의 철학이 새옹지마와 더 잘 맞아떨어지는 이유는 그 탄생 배경에 있다. 사주명리는 대자연의 이론을 인간들의 사회상에 대입하여 개인의 길흉화복을 예상하며 오늘을 준비하는 학문으로 발전되어 왔다. 그런데 대자연의 이론에는 사실 선악善惡이 없다. 개구리가 잠자리를 잡아먹는 것을 악惡이라고 하는 사람은 없다. 물론 자연의 약육강식을 문명화된 인간사회에서 용인해야 한다고 말하는 것이 아니다. 다만 자연 이론의 냉정한 관점에서 보면 힘든 경제 상황을 겪는 일은 농사짓는 사람에게 가뭄이 오거나, 산을 등반하는 사람에게 폭설이 내려 곤란함을 겪는 자연 상황과 같다는 것이다.

차이가 있다면 우리는 거기에 착하다거나 나쁘다거나, 유리하다거나 불리하다거나 하는 의미를 부여한다는 점이 다르다. 원래 자연 상황에서는 어떤 의미도 없이 단지 발생한 일이다. 따라서 그

일은 향후 어떤 의미로 전개될지 모른다는 것이 자연의 논리라고 보면 된다. 따라서 자연의 마음으로 오늘의 특정 상황을 볼 때 좋은 일도, 나쁜 일도 아닌, 단지 그러한 일로 바라보고 받아들이는 수용성이 중요하다. 현실적으로 나쁜 일을 좋은 일로 받아들이는 것은 인간의 마음으로는 어려우니 말이다. 그렇지만 적어도 그렇게 해야 오늘의 일이 교훈이나 유의미한 지식이 되어 미래에 도움이 될 수 있다.

## 인생사는 통제 불능이기에 재미있는 것

사실 내가 열심히 한다고 해서 모든 결과가 내 생각대로 되지는 않는다. 전혀 의외의 사건이 튀어나와 내 사업에, 내 경력에 방해가 되기도 한다. 그런데 자세히 생각해보자. 오늘 나의 상황은 잘 따져보면 내가 했건 안 했건 특정한 인과관계의 산물이다. 국가의 상황이건, 부모님의 상황이건, 내가 통제 못 하는 경기 불황이건, 또는 내가 과거에 했던 말과 행동의 결과이건 오늘의 어떤 상황은 인과관계가 명확하다.

잘잘못을 떠나 오늘 발생한 일의 인과관계를 정확히 아는 사람만이 내일의 발전이 있다. 그렇다고 내가 오늘 의도한 결정과 행동이 꼭 계획대로 응당한 보답을 가져올지는 알 수 없다. 오늘 내 모습의 인과관계에 과거의 내 모습 이외에도 다른 영향력이 작용했듯, 오늘의 내 결정과 행동 외에도 다른 요인들이 미래의 인과관계에 개입될 수 있기에 내가 계획한 모든 일이 이루어진다는 보장은 없다. 다만 최대한 고려해서 신중히 결정하고 실행할 뿐이다.

이것을 인과因果는 있지만 응보應報는 없다고 하는 것이다. 선문답 같지만 이 원칙을 깨우쳐야 내가 세운 높은 비전을 향해 뚜벅뚜벅 걸어갈 수 있다.

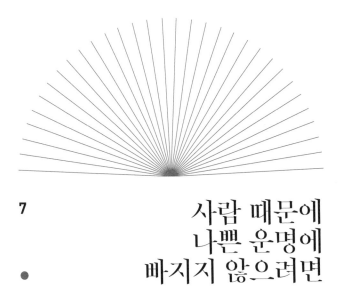

**7**

# 사람 때문에
# 나쁜 운명에
# 빠지지 않으려면

부자들이 많이 하는 또 다른 말이 있다.

"사람을 믿지 말고 상황을 믿어라."

실제 이 말은 최근 여러 영화나 드라마에서도 대사로 쓰인 적이 있다. 믿을 만한 사람을 절대 키우지 말라거나 인간 자체를 불신하라는 뜻일까? 아니다. 내가 특정한 기대감을 가지고 누군가를 도와주더라도 그 사람의 상황이 여의치 않으면 나를 도와줄 수 없음을 알아야 한다는 뜻이다. 이 사실을 명심해야 부의 방정식에서 잘

못된 변수가 계산되는 것을 막을 수 있다.

예를 들어, 친구의 말만 믿고 투자나 이직을 결심했다가 낭패를 보았다고 해서 그 친구가 큰 잘못을 저지른 것은 아니다. 좋은 뜻으로 제안했지만 그 친구도 어떤 이유로 정확한 정보를 가지고 있지 못했을 수도 있다. 동업을 하는 경우에는 이 말을 더욱 깊게 마음에 새겨야 한다. 상담을 하다 보면 성공한 뒤에 이익의 분배를 놓고 어떻게 할지 다투는 경우를 종종 볼 수 있다.

특히 창업 초기에는 큰 문제가 없지만, 사업이 잘되고 나면 이익분배 등 여러 면에서 명확히 계약서를 쓰지 않아 갈등이 빚어진다. 한편으로 계약서가 면밀히 작성되었더라도 새로운 지분을 가진 투자자를 받아들이면서 친했던 사람들 간에 갈등이 생기는 경우도 있다. 옳고 그름의 이분법을 넘어 나와 너의 입장 차이가 있을 수 있고, 그렇기에 상황이 달라지면 같은 사람에게서도 다른 모습이 나올 수 있음을 이해해야 한다.

## 사람보다 상황을 믿어라

사주명리에서는 사람보다는 '상황'을 우선시한다. 앞서 사람의 운명을 생년월일시의 네 가지 정보에 대해 각 두 글자씩, 총 여덟 글자로 표현하기에 팔자라고 한다 했다. 그중 한 글자가 나 자신이고 나머지 일곱 글자는 환경을 뜻한다. 여덟 글자가 나인데 진짜 나를 의미하는 것은 한 글자뿐이라는 사실은 인간은 상황에 따라 다른 모습을 보일 수 있는 존재임을 암시한다.

물론 종교나 철학의 도움으로 높은 수준의 깨달음을 얻은 사람들 중에는 운명의 글자에 더 이상 연연하지 않는 이들도 있다. 이런 사람들에게는 상황론보다 사람론, 인물론을 적용시킬 수 있을 것이다. 또 부모의 경우에도 상황론의 예외로 볼 수 있을 것이다. 일부 예외 사례도 있겠지만, 대부분의 부모는 자신의 유불리와 상황을 떠나 자녀를 돕는다. 그러나 실제 비즈니스 상황에서는 대부분 타인과 뜻을 모아 사업을 하는 것이기에 상황론을 우선시하는 것을 사주명리 차원에서도 제안하고 싶다.

거듭 강조하지만 사람을 믿지 말라는 것이 아니라 그 사람의 상황을, 그 사람의 입장을 이해하라는 말이다. 실제 이 조언을 잘 따른 전문 경영인이 있는데 이분은 조직에서 '성과를 잘 내는 사람'이라는 평가뿐만 아니라 '공감 능력이 뛰어난 리더'라는 극찬을 받았다.

반면 매일 밤마다 직원들과 술잔을 부딪치며 '우리는 형제, 사람이 제일'을 외치던 임원 중 한 분은, 팀이 바뀐 뒤로 이전 부서원들이 자신에게 소원하다며 사람에게 잘해줄 필요 없다고 속상해한다. 이 임원의 부서원들이 싫어도 회식에 끌려나왔던 것인지 누가 알겠는가. 또한 상사가 바뀌면 그 환경에 따르는 것이 순리인 것을 둘 중에 누가 더 성숙한 리더인지 굳이 여기서 답을 낼 필요는 없어 보인다.

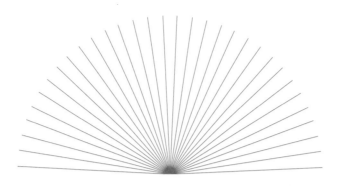

**8**
# 재운은 인생의 그릇에
# 담은 물과 같다

마지막으로 전하는 부자들의 생각은 인생 과목에 과락을 만들지 말라는 말이다. 사실 부를 축적하는 것은 매우 중요한 일이지만 건강, 애정, 가족 간의 화목, 명예, 대인관계 등 다양한 행복의 요소들 중 하나일 뿐이다. 물론 경제적 불확실성이 커질수록 돈의 중요성이 커지는 것은 사실이다. 하지만 돈을 버는 과정에서 너무 바쁘게 사느라 배우자나 자녀와 소원해지고, 동료·친구들과 척을 지거나, 건강을 해친다면 이것은 바람직하지 않다는 것이다. 물론 정신없이 돌아가는 요즘 세상에서 바쁘게 살아야 성공할 수 있기에 모든 인간관계를 다 챙길 수는 없다. 간혹 건강이 상하기도 한다.

그러나 인생의 각 항목을 시험 과목으로 놓고 생각했을 때, 과락이 있으면 안 된다. 아무리 총점이 높아도 건강이나 가족관계 중 하나가 50점도 안 된다면 골고루 80점을 맞은 사람과 비교 자체가 안 되기 때문이다.

## 과하면 넘치고, 불화가 생길 뿐

실제 상담하며 만났던 상위 1%의 부를 이룬 부자들 중에서도, 큰 부를 이루었음에도 자신 또는 가족의 건강이 좋지 않아서 고민인 분들이 많았다. 꼭 건강 문제가 아니더라도 돈으로 인해 가족 간에 불화가 생기거나, 과도한 욕심으로 명예를 잃거나, 대인관계가 나빠지는 등 스스로 과락을 인정하고 괴로워하는 분들이 많았기에 이 부분은 더욱 중요하다고 생각한다.

부자는 부자대로, 평범한 사람은 그 나름대로 열심히 살고 있는 것이 오늘의 모습이다. 부자만 무언가를 잃고 있는 것이 아니다. 어찌 보면 경제적 여유가 없는 일반인들이 더 인생의 과락에 노출되어 있을 수도 있다. 따라서 내가 자존자본을 확립하려는 이유가 나와 가족의 자존감을 높이기 위함임을 잊어서는 안 된다. 다만 무엇이 중요한지 선후 관계가 뒤바뀌면 인생의 종착점에 도착했을 때 그 기차에서 나 홀로 내리는 외로움만이 기다린다는 점도 명심해야 한다. 그러나 독자 여러분은 현명하기에 그런 일이 없으리라 굳게 믿는다.

# 인생에 불을 켜는 시간, 명리 공부

명리학은 나를 알고 때를 알아 더 행복한 미래를 준비하기 위한 학문이자 실천적 도구이다. 삶의 행복에는 많은 요소들이 있기에 돈이 인생의 모든 것은 아니다. 그렇기에 부를 주제로 사주명리 책을 쓰는 것이 조금 부담스러웠다.

그러나 냉정히 보면 자본주의 사회에서 돈이란 나의 자존감을 지켜주고, 여유로운 시간과 공간을 누릴 수 있게 한다. 행복의 모든 것은 아니지만 행복에 큰 역할을 한다. 돈이 없어도 마음만 부자이면 된다는 말은 정신적 지향점일지 모르나 현실적 목표로 수긍하기 어렵다. 오히려 사회의 일원으로 나에게 필요한 최소한의 자본 확보를 기대하는 것은 당연한 바람이자 당위이다. 더 나아가 더욱 여유로운 삶을 위한 욕망은 시장경제의 원동력이다. 여기에 생각이 닿고서야 이 책을 쓸 용기를 얻었다.

그러나 모든 책이 그렇듯 마무리하는 시점에서는 아쉬움이 크다. 우선 사주명리 전문가들이 보기에 이론적 이견이 가능하다. 각자의 사주를 토대로 역량 특성을 뽑아내는 2장은 기존 명리학에서 시도하지 않던 것이기 때문이다. 팔자의 '일지'日支를 실생활의 핵심요소로 가정하고 여러 역량들을 정의했다. 개인의 다양성을 몇 가지 분류로 일반화하면 해석의 한계가 생김을 인정한다. 그러나 정확한 운명 감정을 목적으로 역량을 분류한 것이 아니다. 강점과 보완점을 새로운 틀로 바라보고 주체적인 부의 설계를 위한 도구를 지향했다. 새로운 이론을 만든 것이 아니라, 명리의 인사이트로 자기계발 프레임을 만들었다고 이해해주시면 감사하겠다. 또한 사주 해석의 고급 단계에서 중요한 12운성, 형충회합의 역동적 사례, 물상법 및 합신, 투출신 이론 등은 다룰 수 없었다. 이 책은 명리 이론서가 아니라 자기계발서라는 것으로 이해를 구한다.

이 책이 마무리될 때까지 많은 분이 큰 도움을 주셨다. 자신들이 부자가 되기까지의 인생 역정과 성공 방정식에 대해 아낌없이 공유해준 내담자들이 없었다면 이 책은 완성될 수 없었을 것이다.

특히 4장과 5장에서 많은 도움을 받았다. 필자에게 가르침을 주신 많은 선생님을 모두 열거하지 않지만 감사한 마음은 지대하다. 그 중에서도 부산에 계신 정숙정 선생님께 특히 감사드린다. 기계적인 이론 대입으로는 복잡한 인생사를 이해할 수 없고, 사주 이론들을 다각도에서 바라봐야 비로소 한 사람을 이해할 수 있다는 가르침은 지금도 잊지 않고 있다. 여러 프레임으로 개별 사례를 큐브 돌리듯 살피며 인사이트를 뽑는 분석은 컨설팅 회사의 분석 기법과 같다. 우연의 일치라기보다는 인간사를 살피는 통찰력은 그렇게 얻는 것이라고 생각된다. 마지막으로 위즈덤하우스 대표님과 편집자께 감사드린다. 좋은 기획으로 먼저 손을 내밀어주지 않았다면 이 책은 나오지 않았을 것이다.

끝으로 책에 적지 못한 중요한 말이 있다. 독자 여러분은 각자의 방식으로 '운'을 모아서 자신의 현재를 바꾸는 데 그 운을 썼으면 좋겠다. 그것이 선행을 하는 것이든, 재테크를 위해 열심히 공부하는 것이든 말이다. 타고난 팔자대로 살 수밖에 없다면 수천 년 동안 '역학'易學의 한 일파인 명리학이 발전했을 이유가 없다. '역'易은 '바꿀 역'이라고도 읽고 '쉬울 이'라고도 부른다. 생각보다 운명을 바꾸는 것이 어렵지 않을 수 있다는 믿음으로 독자 여러분 모두가 원하는 것들을 이루시기 바란다.